EL TAROT Y EL TRABAJO

ENOS LONG

El Tarot
y El Trabajo

Enos Long

El Tarot y el Trabajo

SOJOURNER BOOKS

https://sojournerbooks.com

Todos los derechos reservados bajos las convenciones
Internacional y Pan-Americana de Copyright.

ISBN: 978-1-7390445-3-4

Índice

Introducción

El Tarot, inicialmente sólo se usaba como un juego; las 78 cartas que lo componen, cuyos primeros ejemplares aparecieron en el norte de Italia en el siglo XV, le ofrecían a los jugadores una gama de imágenes tomadas de la iconografía de la época; aunque los dibujos de las cartas variaron a lo largo del tiempo, las cartas fueron estandarizadas entre los siglos XVII y XVIII en la baraja que hoy conocemos como Tarot de Marsella.

En el último tercio del siglo XVIII, en Francia, Jean-Baptiste Alliette, bajo el seudónimo de Etteilla, escribió una serie de libros sobre el uso adivinatorio de las cartas. *Le petit Etteilla our l'art de tirer les cartes* (El pequeño Etteilla o el arte de tirar las cartas), que enseñaba el uso adivinatorio de las cartas de piquet.

Entre los años 1783-1785 Etteilla publicó su obra *Manière de se récréer avec le jeu de cartes nommées tarots* (Como divertirse uno mismo con la baraja de cartas llamada tarots), en cuatro volúmenes. Con este libro, y con la baraja de Tarot que él publicó a fines del siglo XVIII, Etteilla transformó al Tarot en una herramienta adivinatoria, dejando atrás sus orígenes lúdicos. De hecho, muchos de los significados adivinatorios que hoy asociamos con las cartas del Tarot, se los debemos a este autor.

Otra importante figura en la historia del Tarot es Alphonse Louis Constant, quien publicó sus obras bajo el seudónimo de Éliphas Lévi, y que

1

fue el primero en vincular las cartas de Tarot (los arcanos mayores) con el alfabeto hebreo en su obra magna, *Dogme et Rituel de la Haute Magie* (Doctrina y Ritual de la Alta Magia), (1854-56). A lo largo del siglo XIX otros esoteristas franceses se ocuparon del Tarot, y distintos cartománticos, entre los que se destacó Marie Anne Adelaide Lenormand lo utilizaron para predecir el futuro de sus consultantes.

Aunque también se imprimía en otras partes de Europa, en esa época el Tarot era un producto típicamente francés, y los esoteristas franceses fueron los primeros en vincularlo con diferentes sistemas herméticos. No fue sino hasta finales del siglo XIX que el Tarot comenzó a interesar a los esoteristas ingleses, especialmente a aquellos pertenecientes a la *Hermetic Order of the Golden Dawn*. La *Golden Dawn* (Aurora Dorada) usaba el Tarot como una herramienta ritual/adivinatoria y sus miembros crearon su propia baraja, que sólo era utilizada por ellos.

En 1909, un miembro de la *Golden Dawn*, que para ese entonces ya había cesado de existir, Arthur Edward Waite, publicó una baraja de Tarot que se convertiría en el Tarot más popular de nuestros tiempos. Esa baraja es conocida como el Tarot Rider-Waite-Smith (RWS), por los nombres de su editor (Rider), su creador (Waite) y su dibujante y co-creadora (Pamela Colman-Smith). Su mayor diferencia con el Tarot de Marsella es que los Arcanos Menores están ilustrados con imágenes que hacen más sencilla su interpretación, también la numeración de dos de los arcanos mayores, *La Justicia* y *La Fuerza* está invertida.

Desde ese entonces, el Tarot se ha esparcido por el mundo y se han publicado miles de diferentes barajas de Tarot, algunas basadas en el Tarot de Marsella, otras siguiendo el Tarot RWS, o basadas en distintos sistemas herméticos.

Hoy en día muchas personas usan el Tarot, no sólo con propósitos adivinatorios, pero también como una herramienta para la expresión del inconsciente y una ayuda para la meditación y la toma de decisiones.

Cuando el Tarot se utiliza en relación con el trabajo, puede proporcionar información sobre nuestras tendencias, potencialidades y limitaciones en el campo de nuestra profesión, como así también sobre los posibles tipos de personas que pueden entrar en contacto con nosotros y sus características.

Los significados asociados a las cartas del Tarot que muestra este libro pueden aplicarse al Tarot de Marsella y al Tarot Rider-Waite-Smith

(RWS), como también a la mayoría de los mazos de Tarot cuya distribución de las cartas sigue el patrón del Tarot de Marsella.

Las cartas mostradas en este libro son de un Tarot de Marsella tradicional de principios del siglo XVIII, que hemos reproducido fielmente, sin retoque alguno, para conservar el carácter original que tenían los mazos de Tarot impresos a la antigua usanza[1].

1   Los primeros mazos de Tarot, creados en el norte de Italia en el siglo XV, eran obras exquisitas, pintadas a mano por artistas para clientes de la aristocracia. Pero sólo cuando los mazos de Tarot pasaron a imprimirse con moldes de madera (xilografía), lo que abarató su costo, alcanzaron la popularidad. En ese entonces (siglos XVII, XVIII y parte del siglo XIX) las barajas, después de imprimirse con métodos xilográficos, se coloreaban situando sobre ellas plantillas diferentes para cada color, que permitían pintar las cartas a mano de una forma rápida. Las cartas producidas de esta forma mostraban numerosas imperfecciones, como colores fuera de sitio y zonas mal impresas, lo que las hacía únicas, no había dos mazos que fueran exactamente iguales.

Como interpretar las tiradas de Tarot

Este libro muestra los significados de las cartas del Tarot, tanto generales, como directamente relacionados con el trabajo. Sin embargo es importante entender que las cartas no deben interpretarse como elementos aislados, sino como partes de un todo. Ese todo es la lectura o tirada de Tarot.

Cuando tiramos las cartas, éstas se distribuyen de distinta forma, según el patrón de tirada que utilicemos. Hay muchos tipos de tiradas de Tarot diferentes, cada una con su propio propósito y estilo. Aquí presentamos algunas de las más comunes:

- *Tirada de tres cartas:* Esta es una de las tiradas de Tarot más simples. Consiste en sacar tres cartas, que representan el pasado, el presente y el futuro. Esta tirada es útil para obtener una visión general de una situación o problema específico, y es la que usaremos para ejemplificar cómo interpretar las cartas de Tarot (aunque nosotros no relacionamos las tres cartas con el pasado, presente y futuro).

- *Tirada de la cruz celta:* Esta es una tirada más compleja que utiliza 10 cartas para proporcionar una lectura más detallada. Esta tirada incluye cartas que representan el pasado, el presente, el futuro, los obstáculos, las influencias externas, los temores, las esperanzas y el resultado final.

- *Tirada Thot o Golden Dawn:* Aunque muchas veces es llamada tirada Golden Dawn, esta tirada originalmente apareció en el pequeño libro blanco que acompaña al mazo diseñado por Aleister Crowley, el Tarot Thot. Utiliza 15 cartas, divididas en cinco tríos, que representan: la situación actual, lo que puede cambiarse, lo que no puede cambiarse (karma) y dos futuros diferentes, ya sea relacionados o alternativos. Esta tirada utiliza el sistema de las dignidades elementales, en lugar de las cartas invertidas, para determinar el estatus de cada carta.

- Tirada de la rueda astrológica: Esta tirada utiliza 12 cartas, cada una representando un signo del zodiaco y una casa astrológica. Esta tirada es ideal para obtener una comprensión más profunda de las energías cósmicas que influyen en nuestra vida.

Estas son solo algunas de las muchas tiradas de Tarot que existen. Cada una de ellas puede ser útil en diferentes situaciones y para distintos propósitos, por lo que es importante elegir la tirada adecuada para nuestra situación específica, o simplemente aquella que nos guste más.

En realidad, lo más importante no es qué tirada elegimos, sino como interpretamos todas las cartas de una lectura en su conjunto. Las cartas no son entes aislados, sino que aquellas que están lado a lado se influyen entre sí, y la trama que forman todas las cartas de una tirada describe una historia que nosotros tenemos que hilvanar. Si no somos capaces de hacer eso, sólo veremos una serie de significados aislados, que incluso muchas veces pueden ser contradictorios, y que no aclararán la situación que representa la tirada.

Podemos pensar en las tiradas de Tarot como obras teatrales, con distintos personajes (las cartas de la corte: Sota, Caballero, Reina y Rey) y con múltiples tendencias, algunas positivas y otras nocivas. Los Arcanos Mayores (cartas I-XXI y el Loco, que en el Tarot de Marsella está sin numerar y en otros mazos tiene el número 0) indican las principales fuerzas en juego y las diez cartas numeradas de los cuatro palos: Bastos, Copas, Espadas y Oros complementan la tirada con más detalles.

Posiblemente la forma más práctica para aprender a interpretar las tiradas del Tarot sea viendo ejemplos concretos. Todos los ejemplos que ofrecemos constan de tríos, es decir grupos de tres cartas, porque esa es la forma más sencilla para entender como las cartas interaccionan entre sí; si usáramos mas cartas complicaríamos innecesariamente nuestra interpretación de la tirada; pero para dar nuestros primeros pasos en el Tarot debemos concentrarnos en lo esencial.

Al acomodar las cartas en tríos horizontales, la carta central siempre es la más significativa, apunta al núcleo de la situación. Las cartas invertidas se indican con la abreviatura *Inv.*, junto al nombre de la carta.

Veamos algunos ejemplos, que aclararán el tema.

PRIMER EJEMPLO

6 de Oros	Rey de Bastos	II La Sacerdotisa (inv.)
Equilibrio entre lo que damos y lo que recibimos, situación transitoria	Jefe exigente pero bien intencionado	Sabiduría, silencio, paciencia, discreción

Interpretación: En el entorno laboral los reyes suelen representar jefes o personas con autoridad, que están por encima de nosotros; la carta central, el *Rey de Bastos*, representa a alguien de naturaleza práctica, que no puede ser satisfecho con meras palabras, sino que exige que sus subordinados cumplan con sus tareas, pero aún así es justo, ya que reconocerá y apoyará a quienes demuestren sus méritos.

El *Seis de Oros*, que flanquea al rey, sugiere un posible aumento de salario y oportunidades de progreso, que debemos aprovechar mientras sea tiempo, porque otro de sus significados es situación transitoria. Al estar junto al *Rey de Bastos* esta carta nos indica que aunque debemos cumplir con lo que nuestro superior nos indica, también debemos mantener un equilibrio entre lo que damos y lo que recibimos, cumplamos bien con nuestras responsabilidades, pero no más allá del deber. Por ejemplo, si nos piden trabajar horas extras, dado que el *Seis de Oros* sugiere progreso, sería propicio aceptarlas, pero exigiendo una remuneración acorde. Debemos dedicarnos a nuestro trabajo, pero no regalarlo, de otra forma no nos haremos respetar.

La tercer carta, *La Sacerdotisa*, está invertida, lo que indica retrasos, oposición encubierta, alguien que quiere bloquearnos, sin dar la cara. También, en el plano psicológico, puede simbolizar dudas, incertidumbre, renuencia a los cambios. Todo esto puede retrasar nuestro progreso.

Como vemos las dos cartas que flanquean al *Rey de Bastos* son contrarias, una promete progreso, pero la otra indica resistencia al cambio y oposición. Pero no olvidemos que la carta central es la más importante. Nuestro progreso laboral depende del *Rey de Bastos*, si mantenemos una relación equilibrada con él —como sugiere el *Seis de Oros*— podremos progresar, nuestro avance será entorpecido por influencias contrarias, pero no será detenido.

SEGUNDO EJEMPLO

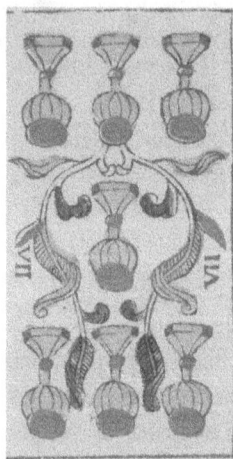

7 de Copas (inv.)	2 de Espadas	7 de Bastos
Deseo, elección inteligente	Tenso equilibrio	Negociación, defensa del territorio

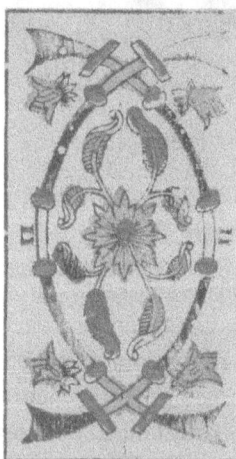

Interpretación: La carta central, el *Dos de Espadas* indica fuerzas equilibradas, una situación donde distintas personas se encargan de diferentes aspectos de una tarea, respetando los límites entre las áreas a cargo de cada uno.

El *Siete de Bastos* es una señal de que el equilibrio reinante se rompió o se romperá, y otras personas tratarán de sacar ventaja, sin respetar nuestros derechos. Esta carta nos insta a defendernos, saber negociar y no ceder el terreno. También nos promete que la victoria puede ser nuestra, si nos mantenemos firmes frente a la oposición.

El *Siete de Copas*, señala la causa de la pérdida del equilibrio. Posiblemente nos hayamos descuidado, persiguiendo objetivos inalcanzables, lo que permitió a la oposición consolidarse en nuestra contra. Pero al estar invertida, esta carta nos promete que, si nos enfocamos en el aquí y ahora y nos ponemos en acción para remediar nuestro descuido, podremos salir adelante.

Resumiendo, el *Siete de Copas* indica la causa de nuestros problemas, y también la salida; el *Dos de Espadas*, indica la situación inicial, antes de los conflictos actuales, y también nos dice lo que deberíamos recuperar: el equilibrio. No es posible estar en conflicto constante con nuestros colegas sin perjudicarnos a nosotros mismos, es preciso que establezcamos una nuevo equilibrio. El *Siete de Bastos* nos muestra como podemos lograrlo.

TERCER EJEMPLO

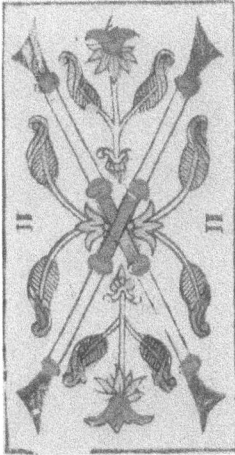  

2 de Bastos	XI La Fuerza (inv.)	7 de Oros (inv.)
Encrucijada, iniciativa, progreso	Debilidad, descontrol	Retrasos

Interpretación: *La Fuerza*, que ocupa la posición central, al estar invertida indica mal uso o carencia de poder, falta de disciplina, descontrol. Esta carta puede indicar una situación que padecemos, pero también algunas deficiencias nuestras. Estando invertida, es fuente permanente de conflictos y no nos permite avanzar.

El *Dos de Bastos*, nos indica que, pese a los obstáculos y problemas ocasionados por el descontrol reinante, aún tenemos opciones; si elegimos bien podremos superar nuestros problemas actuales. Pero es importante no tomar decisiones impensadas, sino planificar bien nuestros emprendimientos. Esta carta también sugiere la importancia de la cooperación y la colaboración para mejorar nuestro panorama profesional. Nos anima a trabajar con otros para alcanzar nuestros objetivos.

La tercer carta, el *Siete de Oros*, siempre indica retrasos y perspectivas inciertas (ya sea que esté invertida o no), pero al estar invertida, simplemente nos está diciendo que cuando iniciamos un nuevo camino —como indica el *Dos de Bastos*—, no podemos esperar resultados inmediatos, especialmente teniendo a *La Fuerza* invertida en el centro, sino que debemos concentrarnos en llevar adelante nuestro proyecto, concentrándonos más en el trabajo que en la recompensa que esperamos. A la larga nos beneficiaremos de nuestro trabajo, y —lo que es más importante—, recuperaremos el autocontrol y dominio de nosotros mismos.

CUARTO EJEMPLO

  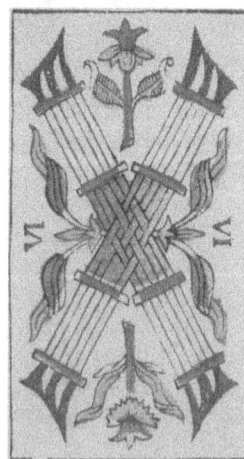

IX El Ermitaño   XVIII La Luna   6 de Bastos

Concentración, estudio   Camino difícil y confuso   Victoria y liderazgo

Interpretación: *La Luna*, en la posición central, indica que las cosas no están claras, nos advierte contra engaños, cosas que no son lo que parecen ser. Esta carta también puede reflejar nuestros miedos e inseguridad, todo lo que puede confundir nuestro camino.

El Ermitaño tiene algunos puntos en común con *La Luna*. Ambas cartas sugieren cierto retraimiento del mundo, es decir, una postura introspectiva, más bien dirigida hacia el mundo interior, en lugar de actuar en el mundo externo. Juntas, señalan que estamos en un período de búsqueda de opciones, todavía no tenemos claras nuestras metas, y mucho menos como alcanzarlas. *La Luna* indica incertidumbre, cosas poco claras, indefinición. Uno de los significados de *El Ermitaño* es un maestro, alguien que nos puede aconsejar bien. Todo eso sugiere que estamos un período preparatorio, aprendiendo y buscando posibles caminos para desarrollar nuestra vida laboral. *El Ermitaño* también nos enseña que es importante avanzar con cautela, para evitar perder tiempo en caminos que no conducen a nada. Debemos capacitarnos más antes de poder avanzar en nuestra vida profesional.

La tercer carta, el *Seis de Bastos*, ofrece un vivo contraste con la temática de las otras dos cartas. Esta carta promete el éxito. Nos dice que sólo podremos avanzar si conseguimos gente que nos apoye, será imposible hacerlo solos. Es preciso mostrar nuestra verdadera capacidad y hacernos notar, si lo hacemos obtendremos el reconocimiento y el apoyo que necesitamos para avanzar.

En resumen, esta tirada es promisoria, pero no a corto plazo. Nos dice claramente que no podremos progresar hasta que nos hayamos capacitado y tengamos claras cuales son nuestras metas y los medios que emplearemos para alcanzarlas. También nos indica que necesitaremos ayuda para alcanzar nuestros objetivos.

Quinto ejemplo

| 4 de Espadas (inv.) | Sota de Oros | Reina de Copas |
| Actividad renovada | Buen administrador, atento al detalle | Sensibilidad, intuición |

Interpretación: La *Sota de Oros*, ubicada en la posición central, simboliza a una persona joven y responsable, dedicada a su trabajo. Esta carta también indica que estamos tomando medidas prácticas para avanzar en nuestro trabajo. Es un buen augurio, que promete avance en lo económico. En caso de referirse a una persona, podría ser alguien joven que colabora efectivamente con nosotros, o quizás —si somos una persona joven que se está iniciando en el campo laboral— nos simbolice a nosotros mismos.

El *Cuatro de Espadas*, invertido indica que estamos dejando atrás un período de estancamiento, en el que estuvimos restringidos o imposibilitados de actuar efectivamente en nuestra vida profesional. Nuevamente podemos dedicar nuestro esfuerzo al avance profesional, pero esta carta nos aconseja que reanudemos nuestra actividad gradualmente, paso a paso, con austeridad.

La *Reina de Copas*, estando al lado de la *Sota de Oros*, indica una influencia femenina favorable al consultante. Esta carta simboliza a una mujer en una posición de autoridad que nos otorga su favor, aunque posiblemente no se tome muchas molestias para ayudarnos, su influencia y consejo nos ayudará a conseguir una buena posición. También sugiere que necesitaremos sensibilidad y cierto grado de intuición para progresar.

En síntesis, esta tirada nos dice que estamos saliendo de un período de estancamiento laboral y que si nos concentramos en nuestro trabajo tendremos buenas posibilidades de avanzar. No es un momento para intentar brillar, dejemos que los resultados de nuestro trabajo hablen por sí mismos. Si perseveramos, obtendremos los medios y el apoyo necesarios para avanzar en nuestra carrera.

Sexto ejemplo

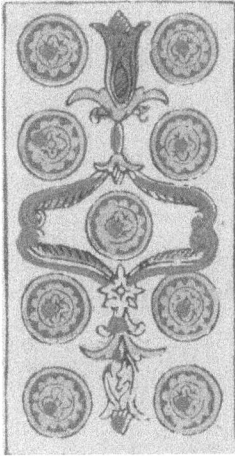

9 de Oros	10 de Bastos	V El Papa/ El Hierofante (inv.)
Prudencia, disciplina	Opresión, incertidumbre	Jefe inoperante, hipócrita

Interpretación: El *Diez de Bastos* describe una situación bastante incómoda, en la que estamos agobiados por las responsabilidades y no sabemos como organizar bien todas nuestras tareas. Esta es una situación transitoria, que no es sostenible a largo plazo, por lo que debemos resolverla sin demora. Lo mejor que podemos hacer es tratar de solucionar las dificultades que nos abruman ordenadamente, paso a paso, una por una, y no tratar de solucionar todo a la vez. También es importante reconocer que no podemos hacer todo por nosotros mismos y debemos aprender a delegar ciertas responsabilidades.

El *Nueve de Oros* indica una posición estable y exitosa, pero circunscrita a un área restringida. Mientras el *Diez de Bastos* simboliza dispersión y confusión, esta carta indica concentración y claridad, y eso nos muestra como mejorar nuestra situación y solucionar los problemas que nos abruman. Esta carta nos enseña que debemos dedicarnos a lo que hacemos mejor y concentrarnos en eso, en lugar de dispersarnos. Ocupémonos de nuestra área o departamento de trabajo, y mantengamos todo en orden y bajo control, si hacemos bien nuestro trabajo progresaremos. Este no es un momento para expandirnos, sino para concentrarnos y proteger lo que tenemos.

La tercer carta, *El Hierofante*, está invertida, lo que describe a un jefe o alguien en posición de autoridad que no aporta nada a la empresa, sino que más bien es un estorbo. Si estamos en contacto con alguien así, no nos dejemos engañar, no podemos confiar en nada de lo que esta persona diga o prometa. Sus consejos serán errados y sus promesas no valen nada.

El sentido general de esta tirada es claro, no es momento para expandirnos ni asumir nuevas responsabilidades. No podemos esperar ningún apoyo de nuestros jefes. Pero si nos dedicamos a cumplir seriamente con nuestra tarea y protegemos bien nuestra área de influencia, podremos prosperar económicamente.

Séptimo ejemplo

 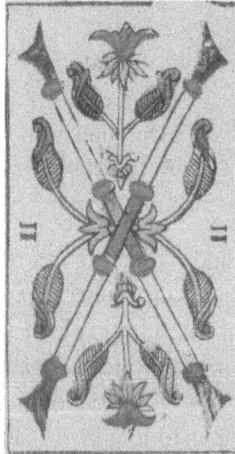 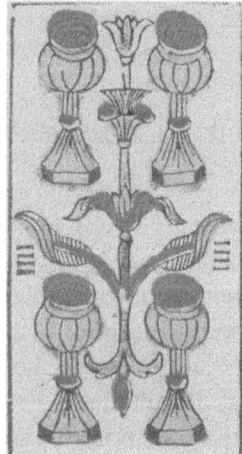

Caballero de Copas   2 de Bastos   4 de Copas
  Propuesta   Iniciativa, progreso   Desánimo, abandono

Interpretación: El *Dos de Bastos* sugiere que este es un buen momento para planificar nuevos negocios, que tenemos múltiples opciones y tenemos la oportunidad de acrecentar nuestra influencia y progresar en nuestra carrera profesional. Por supuesto, para lograr nuestros objetivos deberemos aplicarnos y elegir bien. No es momento para dejarnos llevar, sino para tomar la iniciativa.

El *Caballero de Copas* augura una proposición, la llegada de alguien con una propuesta interesante, una oportunidad que puede beneficiarnos. El *Caballero de Copas* puede parecer un tanto indolente y soñador, pero es alguien sincero, que puede beneficiarnos.

La tercer carta, el *Cuatro de Copas* no es tan positiva como las otras dos. Indica indolencia, estancamiento, falta de voluntad de progreso. Pero también señala que tendremos una buena oportunidad (también simbolizada por el *Caballero de Copas*), pero debido a nuestra indolencia estamos en peligro de ignorarla y desperdiciarla.

En general podemos decir que esta tirada indica que estamos en una encrucijada, donde se nos presentarán varias opciones, y si queremos aprovecharlas, debemos estar atentos para poder elegir bien y beneficiarnos del momento oportuno. Mostremos iniciativa, superemos el tedio que nos paraliza y no descartemos la oportunidad que nos ofrecen.

OCTAVO EJEMPLO

8 de Copas	I El Mago	6 de Espadas
Inestabilidad, vagabundeo	Autonomía, habilidad, elocuencia	Cambio de escenario, aprendizaje

Interpretación: *El Mago* es una carta muy prometedora, especialmente cuando se aplica al campo laboral, porque indica una gran capacidad de iniciar nuevos emprendimientos creativos. Simboliza iniciativa, habilidad y elocuencia, perspicacia en los negocios.

Debido a que está acompañada por el *Ocho de Copas*, todas las capacidades que *El Mago* simboliza no podrán ponerse en práctica en lo inmediato, porque el *Ocho de Copas* indica inestabilidad, éxito abandonado. Debido a esto, *El Mago* aquí se presenta más bien como un personaje itinerante, alguien que busca su destino, vagando a la ventura; hasta que no encuentre su campo de acción propicio, no podrá progresar. Es alguien muy capaz que está buscando donde emplear sus talentos.

El *Seis de Espadas* aclara un poco el panorama que nos presenta esta tirada. Esta carta indica cambio de escenario, lo que potencia el significado del *Ocho de Copas*. El *Seis de Espadas* sugiere un viaje, lo que nos dice que las oportunidades de progreso laboral están en otra parte, no en el lugar donde estamos actualmente. Esta carta también promete éxito. Por otra parte no sólo indica viaje sino también estudio, superación de las dificultades, es decir una etapa de preparación antes de lograr nuestros objetivos.

Resumiendo, esta tirada indica que para progresar tendremos que buscar nuevos horizontes. Tenemos las cualidades que se necesitan para llevar adelante nuestros proyectos, pero no en el lugar en el que estamos actualmente. También nos aconseja aprender cosas nuevas para potenciar nuestra vida profesional.

Una tirada de Tarot
dedicada integralmente al trabajo

Ya vimos con anterioridad que hay muchas diferentes tiradas de Tarot. Si buscamos en Internet u hojeamos diferentes libros de Tarot, podemos encontrar una gran variedad al respecto.

Aquí ofrecemos una tirada relativamente sencilla, enfocada en el trabajo. Aunque agrupamos las cartas en tres tríos, siguiendo el patrón de la tirada Thot o Golden Dawn, no utilizaremos las dignidades elementales (que sólo trabajan con cartas al derecho), sino que combinaremos cartas al derecho e invertidas.

Dejaremos al lector elegir el método que prefiera para barajar las cartas (siempre y cuando este permita que algunas cartas se inviertan). El método más sencillo es esparcir las cartas sobre la mesa y, extendiendo las manos sobre las mismas, mezclarlas de tal forma que roten y se combinen al azar.

Después de barajadas, las cartas se dispondrán sobre la mesa siguiendo este esquema:

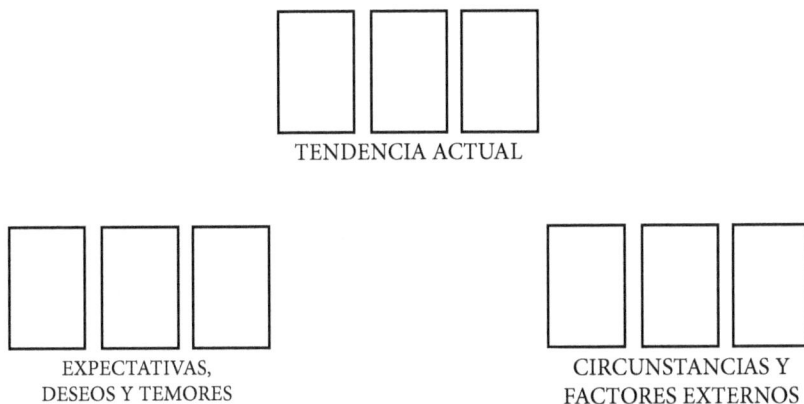

TENDENCIA ACTUAL

EXPECTATIVAS,
DESEOS Y TEMORES

CIRCUNSTANCIAS Y
FACTORES EXTERNOS

Cuando cotejemos una carta con las cartas contiguas (para determinar qué significados aplicaremos), lo haremos dentro de cada uno de los tríos, que analizaremos como si fueran entidades independientes, para simplificar el proceso interpretatorio.

Como podemos ver en la figura superior, en esta tirada, el trío superior indica la tendencia actual, hacia donde vamos, que es algo que podemos modificar con nuestras acciones, y que sugiere lo que puede pasar en el futuro.

El trío inferior izquierdo indica nuestras expectativas, deseos y temores, es decir el aspecto emocional, interno, que afecta a nuestra carrera profesional, y también las cosas que podemos modificar.

El trío inferior derecho se refiere a las circunstancias y factores externos y al aspecto puramente objetivo de nuestro trabajo, aquí pueden presentarse nuestros aliados, aquellos que pueden ayudarnos, como también nuestros enemigos.

En la siguientes páginas analizaremos un ejemplo de esta tirada.

Un ejemplo de la tirada dedicada al trabajo

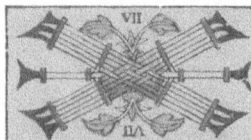

7 de Bastos

Caballero
de Bastos

El Loco

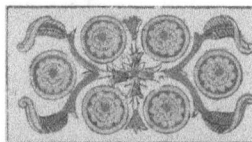

6 de Oros

XXI El Mundo

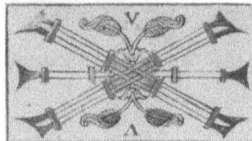

5 de Bastos

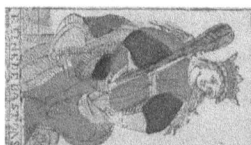

Reina de Bastos
(inv.)

5 de Oros

As de Espadas

Comenzaremos por el trío inferior izquierdo, que indica nuestras expectativas, deseos y temores, el aspecto emocional de la tirada. El *Cinco de Oros*, la carta central indica aislamiento, falta de recursos, pobreza, pérdida del empleo. Esta carta sugiere que nuestra situación económica y laboral es bastante mala y no tenemos los contactos necesarios para salir adelante. Sin embargo esta carta también significa amantes, es decir que al menos no estamos solos, tenemos apoyo emocional.

La *Reina de Bastos*, invertida, simboliza una figura femenina poderosa e intimidante, alguien intolerante que puede bloquearnos. Dado que flanquea al *Cinco de Oros* —uno de cuyos significados es amantes—, puede ser alguien muy cercano a nuestro corazón que si bien nos soporta emocionalmente, también nos controla y limita.

El *As de Espadas* significa triunfo logrado a pesar de los obstáculos, firme y claro propósito. Dado que las otras dos cartas de este tríos indican limitaciones, temores y una persona que nos avasalla, el *As de Espadas* nos muestra como superar todo eso. Debemos cortar nuestras ataduras con todo lo que nos limita. Si el precio del amor es que cerremos nuestros ojos y nos sometamos, es un precio demasiado alto.

Si aplicamos estas cartas a nuestra situación emocional, nos indicaría que nos sentimos marginados, aislados y que pensamos que no recibimos lo que merecemos (*Cinco de Oros*), La *Reina de Bastos* invertida indicaría una figura femenina intimidante, con la que tenemos una relación amor/odio, y el *As de Espadas* nuestra decisión y expectativas. Este estado emocional de aislamiento sólo puede resolverse con una firme decisión, cortando los lazos con el pasado (*As de Espadas*).

Si volvemos a replantear el significado de estas tres cartas, relacionándolas con nuestro entorno laboral, la *Reina de Bastos* puede ser una jefa que nos manipula con sutiles amenazas y premios, para controlarnos, y el *Cinco de Oros* indica nuestros temores, que no nos permiten liberarnos de ese entorno laboral poco propicio. Así el *As de Espadas* indicaría la salida de un empleo, abandonar lo conocido en busca de mejores opciones.

Pasando al trío inferior derecho, que se refiere a los factores externos, la carta central, el *Caballero de Bastos* es un excelente augurio. En general los caballeros indican movimiento cosas que llegan o se van, movimiento hacia adelante, y el *Caballero de Bastos* en particular es un abridor de caminos, una fuerza que se abre paso, dejando atrás lo conocido para explorar nuevos caminos. Esta carta puede simbolizar una persona que nos ayuda a avanzar, o bien nuestra firme voluntad de progreso que nos impulsa hacia adelante.

A la izquierda vemos a *El Loco*, el arcano mayor sin número, una figura ubicua y cambiante. Esta carta simboliza la libertad, el atrevimiento que nos permite dejar atrás el pasado y buscar nuevas opciones, su mensaje es claro: sigamos en movimiento.

Todo lo que vimos hasta ahora de este trío de cartas nos indica que, estando relacionado con los factores externos, se nos presentará la ocasión para conseguir un mejor empleo o iniciar un nuevo emprendimiento, si nos atrevemos a aprovechar la oportunidad progresaremos.

La tercer carta es el *Siete de Bastos*, que nos dice que el camino a una mayor independencia no estará exento de obstáculos. Esta carta promete el éxito, pero sólo si tenemos la pujanza necesaria para competir con nuestros adversarios y somos capaces de negociar con firmeza y buen tino.

Finalmente, el trío superior central, que indica lo que puede pasar en el futuro, donde nos llevan las tendencias actuales, tiene a *El Mundo*, el XXI° arcano mayor, en el centro, carta que indica realización, obra completada. Esta carta promete recompensas y consolidación, pero también significa emigración, lo que coincide con algunos de los significados de *El Loco* y el *Caballero de Bastos*, en el trío de la derecha. *El Mundo* se relaciona con la culminación de un ciclo y la realización de los objetivos propuestos, es una carta poderosa y muy positiva.

A su derecha se encuentra el *Seis de Oros*, una carta que indica movimiento de dinero, equilibrio entre nuestras ganancias y nuestros gastos, y también regalos o aumento de sueldo. Estando al lado de *El Mundo* esta carta indica una situación económica asegurada. Otro de sus significados es compartir con los demás, lo que indica que no estamos aislados sino somos parte de una comunidad, a la que contribuimos generosamente.

La última carta es el *Cinco de Bastos*, que sugiere conflictos con otras personas, discusiones, competición. Sin embargo siendo las otras dos cartas tan positivas, esta última carta sólo indica problemas menores. El que tiene una buena posición, o un buen puesto laboral —como sugiere *El Mundo*— siempre tendrá que defenderla, pero no por eso debemos aislarnos, si compartimos con los demás nuestra buena fortuna —como sugiere el *Seis de Oros*— siempre tendremos el apoyo necesario para salir adelante.

Aplicación práctica

Los ejemplos que hemos visto nos ofrecen una idea práctica de como podemos compaginar el "tema" de una tirada. Animamos al lector a probar, no sólo la tirada dedicada integralmente al trabajo que hemos descrito, sino también otras diferentes, hasta encontrar su preferida.

Muchas veces es difícil decidir cuál de los significados asociados a una carta se deben enfatizar, y como vimos, eso sólo se puede hacer usando las cartas vecinas, porque las cartas se influyen recíprocamente. Los ejemplos presentados previamente, en la forma de distintos tríos de cartas explican de manera práctica ese proceso.

Consideramos que agrupar las cartas en tríos es la mejor forma para entender como estas interaccionan entre sí; si usáramos mas cartas complicaríamos innecesariamente nuestra interpretación. Al usar tres cartas, muchas veces podemos aplicar el método dialéctico, que consiste en tesis (carta central), antítesis y síntesis, lo que facilita el análisis de la interacción de las cartas, otras veces las cartas se potenciarán entre sí.

Al principio, obtener el "tema de la tirada" parece ser algo muy difícil, solo veremos un grupo de cartas, cada una con su propio significado, que a veces son difíciles que integrar en un todo coherente, por eso es importante enfatizar la importancia de la práctica para poder interpretar las tiradas del Tarot con fluidez. La práctica no sólo es necesaria para memorizar los significados de las cartas, que es el primer paso, sino también, para que seamos capaces de interpretar las tiradas en su conjunto, y para que podamos relacionar las cartas entre sí de modo tal que sepamos cual de los muchos significados que tiene cada carta se aplica y entendamos como interaccionan entre sí.

Otro detalle que muchas veces es pasado por alto por el tarotista que recién se inicia en el arte de tirar las cartas, es que estas, en cierta forma son como las personas, tienen virtudes y defectos. Generalmente los defectos se asocian con la carta en la posición invertida (especialmente en las cartas de la corte), pero en realidad, cuando aplicamos cualquier carta del Tarot a una persona (o situación), debemos tomar en cuenta el rango total de significados de la carta, tanto buenos como malos, como descripción de esa persona, o de su comportamiento, de sus puntos fuertes y sus flaquezas. Por supuesto, dependiendo de la posición de la carta (al derecho o invertida), la persona que la carta describe se manifestará de una u otra forma, es decir predominarán sus virtudes o sus defectos. Pero siempre debemos tomar en cuenta la suma total de significados de la carta, para entender en profundidad a la persona o situación que esta describe.

Si perseveramos en el estudio del Tarot y en la práctica de sus tiradas, poco a poco seremos capaces de sacar conclusiones claras de las cartas de una forma intuitiva, pero para que esta intuición sea válida, primero tenemos que estar completamente familiarizados con sus significados y el proceso adivinatorio, por eso es tan importante hacer tantas tiradas como sea posible, aunque no preguntemos nada en especial, es decir que serán tiradas "de entrenamiento", sin aplicación concreta. ¡Aunque no dejarán de mostrarnos vislumbres de nosotros mismos!

Los Arcanos Mayores

0. El Loco[1]

SIGNIFICADO ADIVINATORIO

Espontaneidad, audacia, extravagancia. Negligencia, poca reflexión, volubilidad, indiscreción. Inseguridad, abandono voluntario de los bienes materiales. Comienzo de una aventura o un viaje. Libertad de las convenciones y normas. Mantener las opciones abiertas. Renunciar al control. Atención al aquí y ahora. Mensaje: seguir en movimiento.

INVERTIDA

Falta de sentido común, pasión, obsesión, locura, insensatez, impulsividad, influenciabilidad. Inquietud, falta de propósito, dificultad para planificar. Viaje obstaculizado. También puede indicar linfatismo, hinchazón y abscesos.

El Loco es una de las cartas más intrigantes y multifacéticas del Tarot. Representa la energía del espíritu libre, la aventura, la espontaneidad y la falta de restricciones. En el contexto del trabajo, la presencia de El Loco puede tener varias interpretaciones:

Nuevo comienzo: El Loco puede indicar el inicio de una nueva etapa en nuestra carrera profesional. Puede ser un momento en el que estamos dispuestos a asumir riesgos y explorar nuevas oportunidades laborales sin preocuparnos demasiado por las consecuencias. Es posible que estemos considerando un cambio radical en nuestro trabajo o incluso emprender un nuevo camino profesional. Dependiendo de las cartas vecinas, El Loco también puede sugerir que abandonamos nuestro trabajo y comenzamos una vida de viajes y vagabundeo.

Creatividad y originalidad: El Loco está asociado con la creatividad y la originalidad. Puede indicar que nuestro trabajo requiere un enfoque innovador y fuera de lo común. Quizás estemos estar en un campo donde se valora la originalidad y la capacidad de pensar de manera no convencional. Esta carta nos anima a confiar en nuestra intuición y a desarrollar nuestras propias ideas creativas en el ámbito laboral.

Toma de riesgos calculados: Aunque El Loco representa la espontaneidad y la falta de restricciones, también es importante mencionar que es necesario mantener el equilibrio y tomar riesgos calculados en el trabajo. No significa que debamos actuar de manera imprudente o irresponsa-

---

1   Carta sin número en el Tarot de Marsella.

ble, pero puede ser una señal para que evaluemos cuidadosamente las oportunidades y los riesgos antes de dar el siguiente paso en nuestra carrera. Lo que otros pueden considerar una locura, porque se aparta de lo común, puede ser una jugada ingeniosa de nuestra parte que nos permite progresar.

Flexibilidad y adaptabilidad: El Loco también nos recuerda la importancia de la flexibilidad y la adaptabilidad en el entorno laboral. Nos insta a que seamos más abiertos a los cambios y estemos dispuestos a salir de nuestra zona de confort. Adaptarnos rápidamente a nuevas situaciones laborales puede ser clave para avanzar y tener éxito en nuestra carrera.

Abandonar el trabajo: Uno de los significados de El Loco es abandono voluntario de los bienes materiales, por lo que esta carta también puede indicar un período en el que damos un paso atrás y decidimos liberarnos de las responsabilidades y presiones de la vida laboral. El Loco también puede indicar el comienzo de una aventura o un viaje, algo que se aparta de la vida rutinaria, que El Loco nos anima a dejar atrás.

En última instancia, la interpretación precisa de El Loco en relación con el trabajo depende del contexto de la lectura y nuestra situación personal, pero su mensaje es claro: sigamos en movimiento, no nos estanquemos.

Cuando está invertido, El Loco indica falta de sentido común, excesiva impulsividad, carencia de límites. En este caso su mensaje es: seamos prudentes, pongamos los pies en la tierra. También existe el peligro de que alguna persona nos manipule para sacar provecho de nuestros errores. Pensemos antes de actuar, seamos un poco más prácticos.

I. El Mago

Significado adivinatorio
Originalidad. Iniciativa, centro de acción, voluntad firme y bien dirigida, comienzo de un emprendimiento con las herramientas disponibles, inteligencia espontánea. Posesión de uno mismo, autonomía, emancipación de todo prejuicio. Elocuencia, destreza, habilidad, finura, perspicacia en los negocios. Abogado, orador, diplomático. Poder físico sobre las enfermedades (propias) de orden mental o nervioso.

Invertida
Voluntad débil. Inexperto, incapaz, alguien que no sabe lo que hace. Un ilusionista, intrigante, arribista, político, charlatán, impostor, mentiroso, ladrón, explotador de los ingenuos. Enfermedades del sistema nervioso.

El Mago representa el poder de la manifestación, la habilidad para crear y transformar la realidad. En el ámbito laboral, la presencia de El Mago puede interpretarse de varias formas:

Habilidades y talentos: El Mago simboliza la habilidad y la destreza en el trabajo. Puede indicar que poseemos talentos y capacidades únicas que nos ayudarán a tener éxito en nuestra carrera. Esta carta nos anima a confiar en nuestras habilidades y utilizarlas de manera efectiva para alcanzar nuestras metas profesionales.

Creatividad y originalidad: El Mago está asociado con la creatividad y la originalidad. Puede indicar que nuestro trabajo requiere un enfoque innovador y creativo y que somos capaces de encontrar soluciones únicas a los desafíos y destacarnos en nuestro campo laboral a través de nuestra originalidad y creatividad.

Emprendimiento y liderazgo: El Mago también representa la capacidad de iniciativa y liderazgo. Puede ser un indicio de que podemos iniciar proyectos y llevarlos a cabo con éxito. Esta carta nos alienta a tomar la iniciativa en nuestro trabajo y asumir roles de liderazgo si es apropiado.

Habilidad de comunicación: El Mago simboliza la habilidad para comunicarnos e influenciar a las personas de manera clara y efectiva. Puede sugerir que nuestras habilidades de comunicación serán una ventaja en nuestra carrera. Podemos utilizar nuestra elocuencia para expresarnos de manera persuasiva y convincente en el entorno laboral.

Transformación y crecimiento: El Mago también está relacionado con la transformación y el crecimiento personal. Puede indicar que estamos en un momento de nuestra carrera en el que estamos experimentando cambios significativos y evolucionando profesionalmente. Esta carta nos invita a aprovechar las oportunidades de crecimiento y adaptarnos a los cambios de manera positiva.

En general, El Mago nos muestra que el ejercicio libre de nuestra voluntad nos puede hacer progresar. Tenemos todos los elementos potenciales para avanzar en nuestra carrera profesional, está en nosotros el usarlos efectivamente para alcanzar el éxito. Recordemos que esta carta es potencial, indica el comienzo de algo, no desaprovechemos nuestros talentos ni las oportunidades que se nos presenten.

En caso de estar invertido, El Mago indica incapacidad o mal uso de nuestros talentos. Esto podría indicar que emprendemos cosas para las que no estamos capacitados y tratamos de engañar a los demás, fingiendo que estamos a la altura de lo que se espera de nosotros. El Mago también puede referirse a una persona de pocos escrúpulos, un intrigante y arribista que intenta sacar provecho de nosotros. Seamos sinceros, pero también protejámonos de los engaños.

II. La Sacerdotisa / La Papisa

SIGNIFICADO ADIVINATORIO
La puerta del santuario. Sabiduría, silencio, paciencia, discreción (comparte estas virtudes con el IX° arcano mayor, El Ermitaño), reserva, meditación, modestia, resignación y piedad. Respeto a las cosas sagradas. Influencias ocultas (en el arte y el espíritu), misterio, intuición. Saber como poner límites. Maestra. Decisión meditada.

INVERTIDA
Bloqueo emocional. Disimulo, intenciones ocultas, rencor, pereza, intolerancia, fanatismo. Se vuelve pesada y pasiva, es como una carga. Retraso, tensión y torpeza en las relaciones. Decisión no meditada.

La Sacerdotisa representa la sabiduría, la intuición y el conocimiento interior. En el ámbito laboral, la presencia de La Sacerdotisa puede tener varias interpretaciones relevantes:

Exploración y conocimiento de nosotros mismos: La Sacerdotisa nos invita a mirar dentro de nosotros mismos y explorar nuestras motivaciones, pasiones y deseos en relación con nuestro trabajo. Nos alienta a confiar en nuestra intuición y nuestra voz interior al tomar decisiones relacionadas con nuestra carrera. Este puede ser un momento propicio para la reflexión y la auto-evaluación en términos de nuestros objetivos y dirección profesional.

Sabiduría y experiencia: Esta carta simboliza la acumulación de conocimiento y experiencia. Puede indicar que hemos adquirido sabiduría en nuestro campo laboral y que poseemos habilidades valiosas y conocimientos especializados. Nos anima a confiar en nuestras capacidades y utilizar nuestra experiencia en beneficio de nuestra carrera. También puede indicar que debemos consultar a una maestra, una experta en cierta área que está cerrada para nosotros, que nos abrirá las puertas a una nueva oportunidad laboral.

Trabajo en solitario: La Sacerdotisa también puede sugerir que nuestro trabajo requerirá períodos de introspección y aislamiento. Puede indicar que necesitamos tiempo a solas para enfocarnos en proyectos importantes o para investigar y adquirir nuevos conocimientos. Esta carta destaca la importancia de encontrar un equilibrio entre la colaboración y el tiempo en solitario en nuestro entorno laboral.

Intuición y toma de decisiones: La Sacerdotisa representa la intuición y la conexión con el subconsciente. Puede ser una señal para que prestemos atención a detalles que normalmente se pasan por alto, si algo no nos convence o nos llama la atención, examinémoslo con cuidado. Es importante ver el aspecto global de cualquier emprendimiento que tengamos entre manos, no descuidemos ningún detalle.

Equilibrio entre la acción y la meditación: La Sacerdotisa también enfatiza la importancia de encontrar un equilibrio entre las necesidad de tomar decisiones rápidas que cualquier negocio o profesión nos exige, con la igualmente importante necesidad de evaluar bien lo que vamos a hacer. Nos permitamos que nos empujen, ni nos apuren. Tomemos el tiempo necesario para evaluar nuestros pasos, porque La Sacerdotisa indica que puede haber cosas importantes que no están a la vista, y debemos sacarlas a la luz.

En resumen, La Sacerdotisa enfatiza la importancia de conocernos a nosotros mismos, de prestar atención a nuestra intuición y asimismo de evaluar cuidadosamente los pasos a seguir en cualquier tarea que emprendamos. Sugiere que existen elementos ocultos que deben ser aclarados antes de tomar una decisión. En el campo laboral eso significa que a menudo las cosas no son lo que parecen y antes de firmar un contrato debemos leer bien la letra chica, es decir analizar a fondo las cosas antes de comprometernos con un trabajo o un emprendimiento.

Cuando está invertida, La Sacerdotisa no es propicia para los negocios ni el trabajo. Indica disimulo, intenciones ocultas. Será muy difícil salir adelante en cualquier trabajo, podemos esperar demoras, resistencia y falta de colaboración de las personas implicadas. Si nos hacen una buena oferta, quizás no sea lo que parece a primera vista.

III. La Emperatriz

Significado adivinatorio
Buen juicio, inteligencia, instrucción, influencia civilizadora. Encanto, cortesía, afabilidad, elegancia. Abundancia, riqueza. Matrimonio, fecundidad, dulzura. Mejoramiento y renovación de la situación. Potencia de acción continua.

Invertida
Afectación, pose, frivolidad, coquetería, vanidad. Desdén, presunción. Lujo innecesario. Sensible a los halagos. Falta de refinamiento. Discusiones en todos los planos. Vacilación, falta de concentración. Esterilidad.

La Emperatriz representa la feminidad, la abundancia, la creatividad y el poder. En el ámbito laboral, la presencia de esta carta puede tener varias interpretaciones significativas:

Buen juicio y educación: La Emperatriz indica habilidad para llevar cualquier tarea adelante y para influenciar a los demás en forma positiva. Eso significa que seremos capaces de educar e guiar a quienes tengamos a nuestro cargo y podremos relacionarnos con cortesía y habilidad con quienes trabajemos o tengamos relaciones de negocios.

Abundancia y prosperidad: La Emperatriz simboliza riqueza y prosperidad. Puede sugerir de que nos espera un período de éxito y crecimiento en nuestra carrera, y que tendremos el soporte de nuestros superiores. Esta carta nos alienta a confiar en nuestras habilidades y a tomar medidas para alcanzar nuestras metas profesionales con confianza y determinación, sin descuidar la cortesía.

Liderazgo y toma de decisiones: La Emperatriz también representa el poder y el liderazgo. Puede indicar que tenemos la capacidad de liderar y tomar decisiones efectivas en nuestro trabajo y somos capaces de organizar y administrar eficientemente los recursos disponibles. Esta carta nos invita a confiar en nuestro buen criterio y en nuestras habilidades de toma de decisiones para avanzar en nuestra carrera.

Crecimiento y fertilidad: La Emperatriz simboliza el crecimiento y la fertilidad en todos los aspectos de la vida. En el ámbito laboral, puede indicar que estamos en un momento de expansión y desarrollo profesional.

Equilibrio entre lo profesional y lo personal: La Emperatriz también nos enseña que debemos encontrar un equilibrio saludable entre nuestra vida profesional y personal. Puede ser una señal para que prestemos atención a nuestro bienestar emocional y nos aseguremos de que nuestras responsabilidades laborales no desequilibren nuestra vida personal.

En general, La Emperatriz indica un período propicio para los emprendimientos profesionales, para hacer nuevos contactos y expandirnos. También puede que tengamos la oportunidad de asociarnos con alguien, en un negocio productivo. Es una época de abundancia que debemos aprovechar.

Cuando está invertida, esta carta indica que este no es un tiempo propicio para nuestro crecimiento profesional ni para emprender nada nuevo. Cuidemos lo que tenemos, concentrémonos en nuestra tarea, sin dispersarnos. Será difícil lograr la colaboración de otras personas, pero al menos evitemos entrar en conflicto con ellos.

IV. El Emperador

SIGNIFICADO ADIVINATORIO
Poder, liderazgo, autoridad, firmeza, rigor, exactitud, equidad y positivismo. Realización. Protector poderoso. Inteligencia equilibrada que no sobrepasa el terreno utilitario.

INVERTIDA
Testarudez, falta de idealismo, adversario obstinado, megalomanía, abuso de autoridad. Inconsistencia, voluntad débil. Pérdida de control, inestabilidad. Caída, pérdida de los bienes.

El Emperador representa poder, autoridad, estructura y orden. En el ámbito laboral, la presencia de El Emperador puede tener varias interpretaciones significativas:

Liderazgo y toma de decisiones: El Emperador simboliza un liderazgo fuerte y efectivo. Puede indicar que tenemos la capacidad de asumir roles de liderazgo en nuestro trabajo. Estamos capacitados para tomar decisiones claras y firmes, establecer metas y guiar a otros hacia el logro de objetivos comunes.

Estructura y organización: El Emperador indica la necesidad de establecer estructura y orden en nuestro trabajo. Puede ser un recordatorio de que es importante establecer un marco sólido y organizar eficientemente nuestras tareas y responsabilidades laborales. La disciplina y la planificación cuidadosa pueden contribuir a nuestro éxito profesional.

Autodisciplina y perseverancia: El Emperador también simboliza la disciplina y la dedicación. Puede ser una señal de que necesitamos mantener un enfoque constante en nuestro trabajo y superar los desafíos con determinación y persistencia. Esta carta nos alienta a establecer metas a largo plazo y a mantener el compromiso necesario para alcanzarlas.

Autoridad y respeto: El Emperador representa la autoridad y el respeto en el entorno laboral. Puede indicar que somos reconocidos y respetados por nuestros colegas y superiores debido a nuestra experiencia y habilidades. Esta carta nos insta a utilizar nuestra autoridad de manera justa y a aprovechar nuestra posición para influir positivamente en el trabajo y en las relaciones laborales. Dependiendo de como se presente en la tirada, esta carta también puede referirse a una persona de autoridad con quien nos relacionamos.

Estabilidad y seguridad: El Emperador también simboliza la estabilidad y la seguridad en el trabajo. Puede ser un indicio de que estamos en una posición segura y estable en nuestra carrera. Esta carta nos anima a mantener esa estabilidad y aprovecharla para crecer y progresar profesionalmente.

En general, El Emperador sugiere fuerza, decisión y liderazgo, un enfoque disciplinado y práctico en el campo laboral. El Emperador también puede sugerir que debemos marcar límites claros en nuestra vida profesional, para proteger nuestro trabajo y nuestros proyectos de la intromisión de otras personas.

Cuando El Emperador se presenta invertido, puede indicar que no estamos seguros ni sabemos como sacar adelante nuestro negocio o nuestras tareas, porque posiblemente nos enfrentemos a algo que no sabemos como manejar. Es posible que para compensar nuestra incertidumbre tratemos de mostrar una apariencia de control, con un sesgo autoritario, pero eso será contraproducente. Es importante que reconozcamos nuestros límites, si tratamos de abarcar más de lo somos capaces de controlar, todos nuestros planes se derrumbarán. En la práctica, esto indicaría la ruina de un negocio o perder un empleo.

V. El Sumo Sacerdote / El Papa / El Hierofante

SIGNIFICADO ADIVINATORIO
Lealtad, organización, respetabilidad. Guía moral, enseñanza, generosidad e indulgencia, mansedumbre. No es una carta fuerte sino que apoya. Iniciación, cambio de mentalidad. Vocación religiosa o científica. Médico, psicólogo; consulta con un especialista.

INVERTIDA
Estrecha adhesión a convenciones y normas obsoletas, un carácter poco flexible, incapaz de adaptarse, fuera de contacto con la realidad. Inmoralidad, hipocresía. Burócrata, jefe sentencioso, moralista estrecho de miras, profesor autoritario, teórico limitado, consejero desprovisto de sentido práctico. Carencia de apoyo espiritual.

El Sumo Sacerdote representa la sabiduría, la espiritualidad y la tradición. En el ámbito laboral, esta carta puede sugerir varias cosas:

Mentoría y orientación: El Sumo Sacerdote simboliza la figura de un mentor o consejero. Esta carta puede indicar que es conveniente que busquemos la guía y el apoyo de personas con experiencia o conocimiento en nuestro campo laboral, nos alienta a buscar el consejo y la guía de aquellos que pueden ofrecernos orientación para avanzar en nuestra carrera.

Conformidad a las reglas: El Sumo Sacerdote está asociado con la tradición y la etiqueta. Puede ser una señal de que nuestro trabajo requiere respetar normas, reglas o protocolos establecidos. Nos insta a conformarnos a las pautas establecidas y a actuar con integridad y respeto, respetando las jerarquías de nuestro entorno laboral.

Desarrollo espiritual y personal: El Sumo Sacerdote también representa la conexión con lo espiritual y el crecimiento personal. Puede indicar que nuestro trabajo tiene un aspecto espiritual o que valoramos la búsqueda de un propósito más elevado en nuestra carrera. El Sumo Sacerdote nos anima a buscar significado y trascendencia en nuestro trabajo y a alinear nuestras acciones con nuestros valores más profundos.

Enseñanza y educación: El Sumo Sacerdote simboliza la enseñanza y la educación. Puede indicar que nuestro trabajo implica compartir conocimientos y habilidades con otros, ya sea como profesor, instructor o mentor. También puede ser una señal de que hay oportunidades de aprendizaje y desarrollo profesional disponibles para nosotros en nuestro entorno laboral.

Ética y rectitud: El Sumo Sacerdote representa la integridad y la ética. Puede indicarnos la importancia de actuar con honestidad y responsabilidad. Nos insta a tomar decisiones éticas y a mantener un comportamiento íntegro en nuestra carrera.

Resumiendo, El Sumo Sacerdote nos anima a buscar apoyo en un mentor para aumentar nuestra capacidad y encontrar el equilibrio necesario para desarrollar nuestra carrera profesional a largo plazo. También enfatiza la importancia de actuar conforme a las reglas y con ética. Es una carta de buen augurio a largo plazo, si seguimos sus consejos.

Al aparecer invertida, esta carta nos dice que carecemos de guía en el campo profesional. Indica que la jefatura de nuestro lugar de trabajo no está a la altura de sus responsabilidades, sólo les interesa mantener las apariencias. No es posible avanzar en una organización que está anquilosada y cuyos líderes no saben como adaptarse a las necesidades del presente. Esta carta nos aconseja que seamos prácticos y tratemos de mantenernos actualizados y bien capacitados en nuestra vida profesional; tratemos de adaptarnos a los cambios, no nos aferremos a pasado.

VI. Los Enamorados

SIGNIFICADO ADIVINATORIO
Elección o decisión, examen, anhelo. Lucha entre el amor sagrado y el profano. Matrimonio, amor, unión de los opuestos, atracción, balance, apertura a la inspiración. Pruebas superadas. Armonía de la vida interior y el mundo exterior. Sigue tu corazón.

INVERTIDA
Desorden, fracaso, divorcio, amor desgraciado y contrariedades de todo tipo. Matrimonio frustrado, tentación peligrosa. Peligro de ser seducido. Mala conducta, libertinaje y debilidad. Peleas, infidelidad. Inestabilidad emocional. Un triángulo amoroso que genera tensiones.

Los Enamorados representa el amor, la elección del camino a seguir y la toma de decisiones trascendentes. En el ámbito laboral, Los Enamorados puede tener varias interpretaciones relevantes:

Elección de carrera: Los Enamorados pueden indicar que estamos enfrentando una decisión importante relacionada con nuestra carrera. Puede ser un momento en el que debamos elegir entre diferentes oportunidades laborales, proyectos o caminos profesionales. Esta carta nos invita a considerar nuestras pasiones, valores y metas para tomar una decisión alineada con nuestros deseos más profundos.

Relaciones laborales: Los Enamorados también pueden referirse a las relaciones en nuestro entorno de trabajo. Puede ser un recordatorio de la importancia de cultivar relaciones saludables y armoniosas con nuestros colegas, superiores y colaboradores. Nos anima a buscar la colaboración y el trabajo en equipo, aprovechando las conexiones positivas para alcanzar objetivos comunes.

Equilibrio entre trabajo y vida personal: Los Enamorados enfatiza la importancia de encontrar un equilibrio adecuado entre el trabajo y la vida personal. Puede ser una señal de que debemos prestar atención a nuestras relaciones personales y a nuestro bienestar emocional, pero sin descuidar nuestra carrera. Nos invita a buscar armonía y satisfacción tanto en el ámbito laboral como en el personal.

Pasión y motivación: Los Enamorados representa el amor y la pasión. Puede ser un indicio de que debemos buscar una carrera o un trabajo que nos apasione y nos motive. Nos alienta a seguir nuestro corazón y a encontrar una vocación que nos brinde satisfacción y entusiasmo en nuestro trabajo diario.

Toma de decisiones consciente: Los Enamorados destaca la importancia de tomar decisiones conscientes, concordantes con nuestros valores. Nos anima a sopesar las opciones, considerar las consecuencias y elegir sabiamente en nuestra carrera. Esta carta nos recuerda que nuestra carrera profesional debe de ser compatible con nuestro estilo de vida.

En general, Los Enamorados nos recuerda que debemos armonizar nuestra vida, tomando elecciones que nos ayuden a tener una existencia armoniosa. Cuando sopesamos distintas alternativas en nuestra carrera, consideremos no sólo el aquí y ahora, sino las influencias a largo plazo que nuestras elecciones tendrán en nuestra vida.

Si está invertida, esta carta indica malas elección, tomar el camino equivocado, posiblemente porque nos dejamos influir por la persona equivocada. Es señal de conflictos y discusiones, que en lo laboral pueden afectar adversamente tanto nuestra carrera como el ambiente de nuestro entorno de trabajo.

VII. El Carro

SIGNIFICADO ADIVINATORIO
Triunfo, victoria, superación de obstáculos, ambición, conquista. Gran auto-control, habilidad para determinar el propio destino. Velocidad, hiperactividad. Viaje. Gasto o ganancia, movimiento de fondos.

INVERTIDA
Conflicto, litigio, fracaso, pérdidas. Peligroso descontrol. Falta de tacto, ambición injustificada. Mala conducta. Actividad afiebrada y sin reposo. Peligro de un accidente violento. Enfermedad. Viaje cancelado.

El Carro representa el movimiento, el avance y el éxito. En el ámbito laboral, El Carro puede tener varias interpretaciones relevantes:

Progreso y evolución: El Carro es un símbolo de avance y desarrollo de nuestra profesión. Puede indicar que estamos en movimiento y progresando en nuestro trabajo. Esta carta nos alienta a mantener la determinación y la perseverancia para poder alcanzar nuestras metas profesionales. Este puede ser un momento propicio para sacar adelante proyectos, tomar decisiones estratégicas y avanzar hacia el éxito.

Control y dirección: El Carro representa el control y la dirección en el trabajo, puede indicarnos que tenemos el poder de tomar las riendas de nuestra profesión y decidir nuestro propio camino. Nos insta a tomar decisiones firmes y a confiar en nuestras habilidades para influir en nuestro entorno laboral. El Carro nos enseña que somos capaz de dirigir nuestras acciones y alcanzar el éxito en nuestra área laboral.

Superación de obstáculos: El Carro simboliza la capacidad de superar obstáculos y desafíos en el trabajo. Puede indicar que estamos en un período en el que debemos enfrentar y superar dificultades profesionales. Nos anima a mantener la confianza en nosotros mismos y a no permitir que los contratiempos nos detengan. Esta carta nos insta a perseverar y a encontrar soluciones creativas para superar cualquier obstáculo que se presente en nuestra carrera.

Equilibrio y armonía: El Carro también destaca la importancia de encontrar un buen equilibrio entre los diferentes aspectos de nuestra vida, incluido el trabajo. Puede ser una señal de que debemos armonizar nuestras responsabilidades laborales y nuestra vida personal. Nos invita a encontrar un equilibrio saludable y a establecer límites para evitar el agotamiento y mantener un rendimiento óptimo.

Viajes y movilidad: El Carro puede indicar viajes o cambios de ubicación relacionados con el trabajo. Puede ser un indicio de que tendremos oportunidades para expandir nuestra experiencia laboral, para trabajar en nuevos lugares, o que nuestro trabajo requerirá frecuentes viajes. Esta carta nos alienta a ser flexibles y mostrarnos receptivos ante las oportunidades que surjan y a aprovecharlas para nuestro crecimiento profesional.

Resumiendo, El Carro nos promete la victoria si tomamos las riendas de nuestra vida profesional. Indica un período de gran actividad y empuje cuando podremos conseguir lo que ambicionamos si nos concentramos en nuestro objetivo y trabajamos con perseverancia.

En caso de aparecer invertida, esta carta indica excesos y descontrol. Si nos dejamos arrastrar por una ambición desmedida sembraremos conflictos y debilitaremos nuestra posición. No podremos avanzar en nuestra carrera profesional.

VIII. La Justicia (XI en RWS)

Significado adivinatorio
Se hará justicia. Para mantener el balance ciertas cosas deben ser sacrificadas, ajuste. Integridad, firme propósito, acción de juzgar, moderación en todas las cosas. Claridad de juicio. Puede estar relacionada con asuntos legales: juicio ganado, divorcio, etc. Acción racional y de acuerdo a las normas.

Invertida
Injusticia. Abuso de poder, fanatismo, juez severo. Condena injusta, acusaciones falsas, demanda, proceso, estafa. Debilidad, pérdida, inseguridad, incertidumbre. Una necesidad patológica de controlar todo. Actitud crítica y condenadora.

La Justicia representa la equidad, el equilibrio y la toma de decisiones justas. En el ámbito laboral, su presencia puede tener varias interpretaciones relevantes:

Equidad y trato justo: La Justicia simboliza la equidad y la imparcialidad. Puede indicar que seremos tratados de manera justa en nuestro entorno laboral y que nuestros esfuerzos y logros serán reconocidos adecuadamente. Esta carta nos alienta a actuar con equilibrio en el campo laboral, sin imponernos sobre nadie, actuando con justicia, respetando a nuestros colegas y subordinados.

Contratos y acuerdos laborales: La Justicia también está asociada con la ley y los contratos. Puede ser una señal de que debemos prestar atención a los detalles legales en nuestro trabajo, como acuerdos contractuales, políticas y regulaciones laborales. Nos insta a asegurarnos de que todas las transacciones y relaciones laborales estén en conformidad con las normas y regulaciones establecidas.

Planeamiento lógico: La Justicia representa la toma de decisiones basada en la lógica y la objetividad. Sugiere que debemos tomar decisiones importantes en nuestra carrera evaluando cuidadosamente todas las opciones y considerando las consecuencias a largo plazo. Nos alienta a tomar decisiones informadas y racionales en lugar de dejarnos arrastrar por nuestras emociones o impulsos.

Resolución de conflictos: La Justicia simboliza la resolución de desacuerdos y la búsqueda de soluciones equitativas. Nos enseña que cuando enfrentemos situaciones conflictivas en nuestro trabajo debemos abordar los problemas con calma y objetividad, buscando soluciones justas y equilibradas para todas las partes involucradas.

Responsabilidad personal y rendición de cuentas: La Justicia también destaca la importancia de asumir la responsabilidad de nuestras acciones y decisiones en el trabajo. Nos recuerda que nuestras decisiones tienen consecuencias y nos anima a ser conscientes de nuestras responsabilidades y a actuar de manera ética y responsable en nuestra profesión.

Resumiendo, La Justicia indica que debemos actuar de acuerdo a las reglas y la normativa imperante y ser equitativos en el trato que le damos a los demás. También nos promete que seremos tratados imparcialmente y que recibiremos lo que merecemos. Si estamos involucrados en un litigio o proceso legal, nos promete el triunfo, si nuestra causa es justa.

Si estuviera invertida, La Justicia indica que seremos tratados injustamente. Pasaremos por un período de inseguridad en el que estaremos en peligro de ser demandados, estafados, o perder el trabajo. Es importante que no tengamos una actitud crítica condenadora con los demás, aunque seamos tratados injustamente, siempre debemos actuar con equidad con nuestro prójimo y en nuestra profesión.

IX. El Ermitaño

SIGNIFICADO ADIVINATORIO
Búsqueda de la comprensión espiritual. Concentración en un propósito claro. Sabiduría, silencio, paciencia, discreción (las mismas cuatro virtudes que posee el IIº arcano mayor, La Sacerdotisa). Retiro del mundo, continencia, austeridad, prudencia. Peregrinaje, meditación, estudio, encuentro con un maestro, que puede ser un experto o consejero en cierta área, espiritual o material. Médico experimentado.

INVERTIDA
Actitud cerrada y recluida, tímido, misántropo. Ideas fijas. Excesiva cautela y desconfianza. Búsqueda de defectos y crítica de todo. Represión de los deseos. Tristeza, pobreza, avaricia. Enemigos ocultos, conspirador tenebroso.

El Ermitaño representa la sabiduría, la introspección y la búsqueda interior. En el ámbito laboral, esta carta puede tener varias interpretaciones relevantes:

Búsqueda de conocimiento y desarrollo personal: El Ermitaño simboliza la búsqueda interior y la sabiduría. Puede indicar que estamos en un momento de nuestra carrera en el que necesitamos dedicar tiempo a la reflexión y al crecimiento personal. Nos invita a buscar conocimientos adicionales, adquirir nuevas habilidades o profundizar en nuestra área de experiencia. Esta carta nos alienta a invertir en nuestro desarrollo profesional para alcanzar un mayor éxito en el futuro.

Retiro y tiempo de reflexión: El Ermitaño también puede representar la necesidad de tomarnos un tiempo de descanso y reflexión en nuestro trabajo. Puede ser un indicio de que nos encontramos en un punto en el que necesitamos alejarnos del bullicio laboral y dedicar tiempo a nuestro bienestar para tener más claridad mental. Nos invita a encontrar espacios de tranquilidad y soledad para conectarnos con nosotros mismos y para descubrir respuestas a nuestras preguntas laborales.

Mentoría y consejo: El Ermitaño simboliza la figura de un mentor o consejero sabio. Puede indicar que necesitamos buscar la orientación de alguien con más experiencia o conocimientos en nuestro campo laboral. Esta carta nos anima a buscar guía y a recibir el consejo de personas respetadas y confiables.

Paciencia y perseverancia: El Ermitaño destaca la importancia de la paciencia y la perseverancia en el trabajo. Puede indicar que estamos en una etapa en la que debemos seguir adelante, incluso si no vemos resultados inmediatos y no tenemos el apoyo de otras personas. Nos invita a mantener la disciplina y a perseverar en nuestros esfuerzos profesionales, confiando en que eventualmente cosecharemos los frutos de nuestro trabajo.

Si El Ermitaño está invertido sugiere un cierto nivel de desconfianza (incluso paranoia), negativa a aceptar la realidad y por consiguiente cierto descuido de nuestra carrera profesional. Indica que estamos excesivamente aislados, lo cual se debe a que somos demasiado críticos y exigentes. Sería aconsejable que fuéramos más flexibles y receptivos, para poder superar este período de aislamiento improductivo.

X. La Rueda de la Fortuna

Significado adivinatorio
Los ciclos de la vida, el cambio, la suerte y el destino. Buena fortuna, la suerte nos sonríe y sabemos aprovecharla. Juicio sano, equilibrado. Vivacidad, buen ánimo. Para una boda: activa su realización.

Invertida
Descuido, especulación, juego, dejar las cosas libradas al azar, inseguridad, falta de seriedad, imprudencia, carácter bohemio. Situación inestable, cambio repentino, ganancias y pérdidas. Estar a merced de los vaivenes de la fortuna.

La Rueda de la Fortuna representa el cambio, la suerte y la evolución cíclica de la vida. En el ámbito laboral, La Rueda de la Fortuna puede tener varias interpretaciones relevantes:

Cambio y oportunidades: La Rueda de la Fortuna simboliza cambios inesperados y oportunidades que se presentan en nuestro trabajo. Puede indicar que estamos a punto de experimentar un giro favorable en nuestra carrera, como un ascenso, un nuevo proyecto o una oferta laboral emocionante. Esta carta nos invita a mantenernos abiertos y receptivos a las oportunidades que se nos presenten.

Ciclos y fluctuaciones: La Rueda de la Fortuna también representa los ciclos naturales de crecimiento y declive en la vida laboral. Puede ser una señal de que estamos atravesando una fase de cambio o transición en nuestro trabajo. Nos recuerda que los períodos de éxito pueden ser seguidos de desafíos, pero también que los desafíos pueden conducir a nuevas oportunidades. Esta carta nos invita a aceptar los cambios y a adaptarnos a las fluctuaciones que se presenten en nuestra carrera.

Destino y suerte: La Rueda de la Fortuna está asociada con el destino y la suerte. Puede indicar que el curso de nuestra carrera está influenciado por factores más allá de nuestro control, como circunstancias externas o el azar. Esta carta nos enseña que, a pesar de las circunstancias, depende de nosotros aprovechar las oportunidades que el destino nos ofrece y afrontar los desafíos que todo cambio conlleva con una actitud positiva y proactiva.

Adaptación al cambio: La Rueda de la Fortuna nos anima a ser flexibles y adaptables en nuestro trabajo. Puede que debamos ajustarnos a nuevas situaciones, roles o responsabilidades laborales. Nos anima a desarrollar nuestra capacidad de adaptación y a estar dispuestos a aprender nuevas habilidades y tomar nuevos enfoques para mantenernos por encima de la ola del cambio.

Causa y efecto: La Rueda de la Fortuna también nos enseña que nuestras acciones tienen consecuencias. Todo lo que sale de nosotros, produce efectos, cuyas consecuencias nos afectarán. Esta carta puede ser una señal de que debemos evaluar cómo nuestras decisiones y acciones pasadas han influido en nuestra carrera actual y considerar cómo podemos tomar medidas para crear un futuro laboral más favorable. Tomemos responsabilidad por nuestra trayectoria laboral y busquemos como mejorarla.

Resumiendo, La Rueda de la Fortuna nos promete cambios favorables, pero también nos indica que debemos estar preparados para sacar provecho de las nuevas oportunidades que pueden aparecer en nuestra vida laboral. No nos dejemos arrastrar pasivamente por la ola del cambio, aprovechemos lo que la fortuna nos ofrece sin vacilar.

Si aparece invertida, La Rueda de la Fortuna indica que estamos a merced de los vaivenes de la fortuna. No estamos preparados para adaptarnos a los cambios y aprovecharlos, porque careceremos de capacidad de planificación, viviendo solo en el presente, sin pensar en el mañana. Nuestra situación es inestable y nuestra carrera profesional depende enteramente del azar. En lo psicológico, al estar invertida, esta carta indica falta de seriedad y abandono.

XI. La Fuerza (VIII en RWS)

Significado adivinatorio
Sublimación o regulación de las pasiones y bajos instintos. Poder, energía. El espíritu que domina la materia. Acción, coraje, éxito. Poderosa voluntad y gran fuerza física. Poder sobre los animales. El Carro nos muestra la voluntad masculina en acción, aquí vemos una influencia femenina que domestica más que bien que avasallar.

Invertida
Carencia de auto-control. Abuso de poder, dominación violenta, crueldad, lucha. Inmoralidad, insensibilidad, temeridad, grosería. Dudas, debilidad, una necesidad patológica de controlar todo.

La Fuerza representa el poder interior, la valentía y la capacidad de dominar nuestra propia naturaleza animal y las situaciones externas. En el ámbito laboral, La Fuerza puede tener varias interpretaciones relevantes:

Autonomía y liderazgo: La Fuerza indica que confiamos en nosotros mismos y somos capaces de asumir roles de liderazgo en nuestro trabajo. Nos alienta a confiar en nuestras habilidades y a utilizar nuestra influencia de manera positiva para alcanzar nuestros objetivos profesionales. Esta carta nos recuerda que tenemos la fuerza interna para enfrentar desafíos y liderar a otros hacia el éxito.

Poder de dominio: La Fuerza indica que estamos capacitados para enfrentar y superar obstáculos en nuestra carrera y someter —sin violencia— a aquellos que nos amenacen. Nos invita a abordar los desafíos con valentía y determinación, confiando en nuestra capacidad para encontrar soluciones creativas y superar cualquier dificultad laboral que se presente.

Control emocional y diplomacia: La Fuerza también simboliza el auto-control y la diplomacia en el entorno laboral. Puede indicar que es importante mantener la calma y manejar evitar el descontrol en situaciones de estrés. Nos enseña a encontrar un equilibrio entre la pasión y la razón, y a utilizar la diplomacia y la empatía en nuestras interacciones laborales. Esta carta nos recuerda que la forma en que nos enfrentemos a los desafíos puede influir en los resultados de nuestro trabajo.

Perseverancia y aguante: La Fuerza nos anima a ser persistentes y permanecer firmes en nuestro trabajo. Puede indicar que debemos mantener el enfoque y la determinación para alcanzar nuestras metas profesionales. Nos invita a superar la adversidad y a no permitir que los contratiempos nos desalienten. Esta carta nos recuerda que los logros significativos requieren esfuerzo y dedicación a largo plazo.

Éxito a través de la colaboración: La Fuerza también resalta la importancia de la colaboración y las relaciones laborales armoniosas. Nos enseña que trabajar en equipo y cultivar buenas relaciones con nuestros colegas y superiores puede ser clave para nuestro éxito profesional. Esta carta nos insta a utilizar nuestra influencia y fortaleza para establecer conexiones positivas y colaborativas en nuestro entorno laboral.

En síntesis, La Fuerza indica que tenemos un gran poder de atracción e influencia, que sabemos como plasmar nuestros deseos en hechos sin violentar a nadie, sino ganándonos a los demás, pero sin abusar de ellos, lo que nos garantiza el éxito en nuestra carrera laboral.

Cuando esta carta está invertida, indica descontrol, excesos, un temperamento colérico, que a largo plazo, perjudicará nuestra carrera profesional. Nos enseña que no debemos abusar de nuestro poder, ni maltratar a nuestros colegas y subordinados.

XII. El Colgado

SIGNIFICADO ADIVINATORIO
Introspección, paciencia, renuncia, abnegación; pérdida del ego, un período en el limbo entre acontecimientos significativos, suspensión de toda acción, indecisión; transición; búsqueda de un nuevo camino; sacrificio; arrepentimiento. Estar en la picota, escarnio, estar expuesto. Visionario, profeta.

INVERTIDA
Aislamiento. Soñador perdido en las nubes, sus visiones no se cumplirán. Carencia de sacrificio; incapacidad de dar lo que se necesita; egoísmo. Esfuerzo desperdiciado, fracaso.

El Colgado indica sacrificio, abnegación y cambio de perspectiva. Esta carta puede tener varias interpretaciones relevantes en el ámbito laboral:

Sacrificio y dedicación: El Colgado simboliza abnegación y dedicación a nuestro trabajo. Puede indicar que estamos dispuesto a hacer sacrificios temporales en nuestra carrera para lograr metas a largo plazo. Esta carta nos invita a estar dispuestos a invertir tiempo, esfuerzo y energía en nuestro trabajo, incluso si eso significa renunciar a ciertas comodidades o placeres inmediatos.

Cambio de perspectiva: El Colgado también representa un cambio de perspectiva. Puede indicar que necesitamos adoptar una nueva forma de ver nuestros desafíos laborales o buscar soluciones innovadoras. Nos alienta a mirar las cosas desde diferentes ángulos y considerar enfoques no convencionales para resolver problemas en nuestro trabajo. El Colgado nos invita a cuestionar nuestras creencias y a explorar nuevas ideas y métodos.

Tiempo de espera y reflexión: El Colgado simboliza un período de espera y reflexión. Puede indicar que estamos en una etapa en la que necesitamos pausar y evaluar nuestra dirección laboral. Nos invita a tomar un tiempo para reflexionar sobre nuestros objetivos y prioridades profesionales. Esta carta nos recuerda que a veces es necesario detenerse y meditar antes de tomar decisiones importantes en nuestra carrera.

Aceptación y renuncia: El Colgado también representa la idea de aceptación y renuncia. Puede ser una señal de que hay aspectos de nuestro trabajo que están fuera de nuestro control y que necesitamos aceptar esa realidad. Nos invita a fluir con los cambios y a adaptarnos a las

circunstancias que no po-
demos cambiar. Esta carta
nos recuerda que, a veces,
no podemos controlar todo
y tenemos que dejar que las
cosas fluyan naturalmente.

*Transformación y creci-
miento*: El Colgado simboliza la transformación y el
crecimiento personal. Puede indicar que a través de
la experiencia laboral y los
desafíos que enfrentamos,
estamos evolucionando y
creciendo como profesio-
nal. Nos invita a ver los
desafíos como oportunida-
des para aprender y desa-
rrollarnos. Esta carta nos
alienta a buscar el significado y el propósito de nuestro
trabajo y a utilizarlo como
una plataforma para nues-
tro crecimiento personal y
profesional.

En general, El Colgado in-
dica un tiempo en el que nos mantenemos al margen de los trabajos y
el bullicio de la vida cotidiana, dedicados a la meditación, más que a la
acción. Es un período en el que evaluamos lo que realmente queremos
hacer y planificamos nuestro futuro.

Cuando aparece invertido, El Colgado indica cierta desconexión de
nuestro ambiente laboral, pero en lugar de evolucionar y planificar que
hacer en el futuro, perdemos el tiempo en sueños vanos. También es un
presagio de que nuestros planes fracasarán; no obtendremos el apoyo
de nadie, porque no somos capaces de compartir con los demás.

XIII. La Muerte[2]

Significado adivinatorio
Transformación completa. Muerte y renacimiento. El fin de algo. Renovación de las ideas, cambio provechoso. La pérdida de algunas cosas. Alejamiento, dispersión de los afectos, se arrancará un sentimiento, una esperanza.

Invertida
Estancamiento, fracaso de matrimonio, carencia de oportunidades, muerte, esperanza deshecha, sueño, petrificación. Melancolía, luto, tristeza, desilusión. Decadencia, descomposición, corrupción.

La carta de La Muerte a menudo evoca reacciones de temor e inquietud, pero en el contexto del Tarot, esta carta no debe interpretarse literalmente como la muerte física (a no ser que otras cartas lo confirmen). En cambio, normalmente se refiere a la transformación, el cambio y el final de una etapa para dar paso a algo nuevo. En el ámbito laboral, la presencia de La Muerte puede tener las siguientes interpretaciones relevantes:

Fin de una etapa laboral: La Muerte puede indicar el final de un ciclo o una etapa en nuestra carrera. Esto puede manifestarse como la finalización de un trabajo, un proyecto o ser despedidos. Si nos sentimos estancados o insatisfechos en nuestro trabajo, esta carta puede ser una señal de que es hora de dejarlo atrás y buscar nuevas oportunidades. Aunque puede ser perturbador al principio, este cambio puede abrirnos las puertas a un futuro más prometedor.

Transformación y renacimiento: La Muerte representa el cambio y los nuevos comienzos. En el ámbito laboral, esto puede traducirse en la necesidad de reinventarnos profesionalmente o de hacer cambios significativos en nuestro enfoque laboral. Puede requerir dejar atrás viejas formas de hacer las cosas y explorar nuevas habilidades, industrias o roles laborales. Esta carta nos invita a ver la transición como una oportunidad para crecer y evolucionar en nuestra carrera.

Liberación de lo que ya no nos sirve: La Muerte nos enseña a dejar ir lo que ya no nos beneficia en nuestro trabajo. Puede señalar la necesidad de deshacernos de viejos patrones de pensamiento, comportamientos o relaciones laborales que nos limitan o nos impiden avanzar. Esta carta nos anima a identificar y eliminar cualquier obstáculo que nos impida

---

2   Carta sin nombre en el Tarot de Marsella.

alcanzar nuestro pleno potencial profesional.

Resiliencia y adaptabilidad:
La Muerte también destaca la
importancia de la resiliencia y
la adaptabilidad en el entorno
laboral. Puede ser un recordatorio de que los cambios son
inevitables y que es necesario
ser flexible y adaptable para
sobrevivir y prosperar en el
mundo laboral. Esta carta nos
insta a abrazar los desafíos
con valentía y a aprovechar
las oportunidades que se presenten en nuestro camino.

Renovación y crecimiento per-
sonal: La Muerte representa
una renovación profunda y
un crecimiento personal en el
ámbito laboral. Puede indicar
que estamos en un proceso de
auto-transformación en nuestra carrera, lo que nos llevará
a alcanzar nuevos niveles de éxito y satisfacción. Esta carta nos alienta
a aprovechar este período de cambio para explorar nuestras pasiones,
descubrir nuestras fortalezas y buscar un trabajo que sea más acorde
con nuestra verdadera vocación.

En resumen, La Muerte indica el fin de un período y el comienzo de algo
nuevo, una renovación completa de nuestras perspectivas. Puede sugerir
que perderemos un trabajo o deberemos abandonar un proyecto que es
imposible de alcanzar o un trabajo que ya no nos ofrece nada bueno. Su
mensaje es claro: miremos al futuro, dejemos atrás lo que ya no nos sirve.

Si aparece invertida, La Muerte no indica la conclusión de un período
ni el renacimiento, sino más bien estancamiento, carencia de oportunidades. Si estamos asociados con alguien más en nuestros negocios,
sugiere que ya no sacaremos ninguna ventaja de nuestra asociación. En
lo psicológico indica falta de voluntad, desilusión.

XIV. La Templanza

SIGNIFICADO ADIVINATORIO
Moderación, sobriedad, economía, frugalidad, paciencia, adaptación, carácter complaciente. Compostura, auto-control, reflexión. Combinación de los opuestos, mezcla del pasado y del presente. Buen matrimonio o relación con los demás. Progreso lento.

INVERTIDA
Descontrol, intemperancia, excesos, conflicto. Altibajos del ánimo. Posibilidad de naufragio. Pereza, apatía, indecisión, abandono, dejarse llevar. Sumisión a la moda, prejuicios o creencias. Sacerdote, religión, secta. Dar vueltas sin poder avanzar.

La Templanza representa equilibrio, armonía y adaptabilidad. En el ámbito laboral, esta carta puede tener varias interpretaciones relevantes:

Equilibrio y armonía: La Templanza simboliza el equilibrio entre diferentes aspectos de nuestro trabajo y nuestra vida personal. Puede indicar la necesidad de encontrar un equilibrio saludable entre nuestra vida laboral y nuestro bienestar emocional y físico. Esta carta nos invita a buscar un enfoque armonioso en nuestras responsabilidades laborales, estableciendo límites claros y priorizando nuestro bienestar personal.

Adaptabilidad y flexibilidad: La Templanza también representa la adaptabilidad y la flexibilidad en el entorno laboral. Puede ser una señal de que es importante que seamos receptivos a los cambios y estemos dispuestos a ajustarnos a nuevas circunstancias en nuestro trabajo. En caso de opiniones discordantes, esta carta nos insta a encontrar un compromiso que deje a todos satisfechos.

Colaboración y trabajo en equipo: La Templanza destaca la importancia de la colaboración y el trabajo en equipo. Puede indicar que alcanzaremos el éxito en nuestra carrera a través de la cooperación y el apoyo mutuo. Esta carta nos alienta a buscar formas de colaborar con nuestros colegas, establecer relaciones armoniosas y aprovechar las fortalezas de los demás para lograr los objetivos comunes.

Gestión de recursos: La Templanza simboliza la gestión adecuada de recursos en el trabajo, sin desperdiciar nada y cuidando los gastos. Puede ser una señal de que es importante encontrar un equilibrio en la administración de nuestro tiempo, energía y habilidades. Esta carta nos enseña a ser consciente de nuestros recursos y a utilizarlos de manera eficiente y efectiva para alcanzar nuestras metas profesionales. No descartemos nada, tratemos de adaptar lo que tenemos a las necesidades del presente.

Paciencia y moderación: La Templanza también simboliza paciencia y moderación. Puede indicar que es necesario que seamos pacientes, porque progresaremos gradualmente y alcanzaremos nuestros objetivos profesionales paso a paso. La Templanza nos recuerda que los resultados duraderos se construyen mediante la suma de muchos pequeños esfuerzos y requieren perseverancia. Nos insta a evitar los extremos y a mantener una actitud equilibrada y moderada en nuestro trabajo.

En resumen, La Templanza nos insta a evitar los excesos y los conflictos y a establecer un ámbito laboral armonioso. Eso implica balancear bien nuestros ingresos y egresos, no endeudarnos, ni despilfarrar nuestro dinero ni recursos en cosas que no sean absolutamente necesarias.

Cuando está invertida, La Templanza sugiere excesos e incapacidad para regularnos a nosotros mismos y a nuestras responsabilidades laborales. Indica que nos dejamos llevar por nuestros impulsos y caprichos y no somos capaces de planificar a largo plazo. También sugiere que nos cuesta mucho adaptarnos a las situaciones cambiantes, y mantenemos nuestra opinión contra viento y marea, aunque esta ya no esté justificada. Ese tipo de actitudes harán que nuestras empresas y esfuerzos en el ámbito laboral fracasen.

XV. El Diablo

Significado adivinatorio
Fuerza mayor, fatalidad. Vehemencia, pasión y deseo, impulso ciego. Poder de seducción, gran habilidad para influenciar a otros, magia negra. Tentación, adicción, egoísmo. Encadenado a una mala relación. Sadismo, malevolencia, desviación sexual, las pasiones carnales descontroladas.

Invertida
Liberación de ataduras; superación del materialismo, el orgullo y el interés propio. Tregua, timidez, indecisión.

La carta de El Diablo puede generar cierta inquietud, ya que se refiere a malas influencias que no podemos controlar, pasiones desatadas y deseos egoístas. Sin embargo, El Diablo también indica la fatalidad, el destino, que en sí no es bueno ni malo, sino inexorable. En el ámbito laboral, la presencia de El Diablo puede tener varias interpretaciones relevantes:

Ambiente tóxico o deshonesto: El Diablo puede indicar que nuestro ambiente laboral es malsano o está al margen de la ley. Puede ser una señal de prácticas poco éticas o un intento de manipularnos en nuestro lugar de trabajo, lo que podría afectar negativamente tanto nuestro bienestar personal como nuestro crecimiento profesional. Esta carta nos insta a ser conscientes de las influencias negativas que nos afectan y a tomar medidas para protegernos y mantener nuestros valores intactos.

Adicción obsesiva al trabajo: El Diablo también puede indicar un desequilibrio entre nuestra vida laboral y personal. Quizás estemos obsesionados con nuestro trabajo y hemos descuidado otras áreas importantes de nuestra vida. Esta carta nos invita a evaluar nuestras prioridades y a encontrar un equilibrio saludable entre el trabajo y el descanso.

Limitaciones y ataduras: El Diablo puede representar limitaciones y ataduras en nuestra carrera profesional. Puede indicar que nos sentimos atrapados en una situación laboral que no nos satisface o que nos impide avanzar. Esta carta es un llamamiento de atención para que examinemos las barreras que nos están impidiendo progresar y a tomar medidas para liberarnos de ellas. Puede requerir coraje y determinación romper con las ataduras y buscar nuevas oportunidades.

Autocontrol y autonomía: El Diablo también puede ser una llamada para que recuperemos el control de nuestros actos y nuestra voluntad en el trabajo. Puede indicar que es importante no dejarnos engañar ni tentar y resistir los impulsos negativos que podrían perjudicar nuestros desempeño o relaciones laborales. Esta carta nos invita a cultivar nuestra disciplina y fuerza de voluntad para mantenernos enfocados en nuestras metas profesionales y superar cualquier desafío que se presente.

La fuerza del destino: El Diablo también puede indicar algo que sucederá inexorablemente, una *fuerza mayor* que no podemos resistir y que nos obligará a seguir cierto camino o renunciar a algo. Este aspecto de El Diablo no es bueno ni malo, sino que simplemente indica algo que no podemos evitar. Como de costumbre, las cartas vecinas son las que nos guiarán para que encontremos la interpretación correcta.

En resumen, El Diablo indica un período en el que nuestra voluntad y determinación serán puestas a prueba. Puede que seamos tentados a hacer algo que no es correcto, pero que es atractivo, o que alguna persona oculte cierta información para poder controlarnos, o distorsione los hechos para engañarnos. O quizás simplemente suceda algo que cambiará por completo nuestro panorama y no podremos hacer nada para prevenirlo.

Cuando El Diablo está invertido, tiene un significado más positivo, de transformación y liberación. Puede indicar que estamos en un proceso de reconocer y liberarnos de patrones de comportamiento autodestructivos o malas influencias en nuestra carrera profesional. Esta carta nos insta a confrontar nuestros miedos y limitaciones, y a tomar medidas para renovar nuestra situación laboral y buscar un trabajo que no comprometa nuestros valores. Quizás no estemos muy seguros de lo que debemos hacer o posiblemente no nos atrevamos a desafiar las fuerzas que nos esclavizan, pero será mejor que aprovechamos la oportunidad que tenemos de liberarnos mientras podamos hacerlo.

XVI. La Torre

Significado adivinatorio
Catástrofe, colapso, ruina. Escape de la prisión o liberación de ataduras, ruptura de relaciones, divorcio. Bancarrota, penurias. Accidente, muerte súbita. Castigo que resulta del orgullo o los excesos cometidos. Los planes fracasarán. El "dedo de Dios".

Invertida
Limitaciones. Atrapado en una situación desdichada. Vida rutinaria, opresión continuada. Falsas acusaciones, prisión.

La Torre representa cambios abruptos, crisis y destrucción, pero también liberación. En el ámbito laboral, esta carta puede tener varias interpretaciones relevantes:

Cambios inesperados: La Torre simboliza cambios imprevistos y repentinos en nuestro trabajo. Puede indicar que enfrentaremos situaciones disruptivas, como pérdida de empleo, una democión o cambios en la dirección de la empresa en la que trabajamos. Estos cambios pueden generar incertidumbre y dificultad inicialmente, pero también pueden abrir oportunidades para un nuevo comienzo y para nuestro crecimiento profesional.

Crisis y transformación: La Torre representa una crisis que puede llevarnos a una profunda transformación en nuestra carrera. Puede indicar que estamos experimentando una situación laboral difícil o desafiante que nos obliga a replantearnos nuestros objetivos y enfoque profesional. Esta carta nos invita a enfrentar la adversidad con valentía y a utilizarla como una oportunidad para reconstruir y fortalecer nuestra trayectoria laboral.

Liberación de estructuras limitantes: La Torre simboliza la destrucción de estructuras obsoletas y limitantes. Puede indicar que estamos siendo liberado de situaciones laborales que nos restringían o limitaban nuestro crecimiento. Aunque inicialmente puede parecer desalentadora, esta carta nos invita a ver el cambio como una liberación y a utilizarlo como una oportunidad para buscar nuevos caminos y enfoques en nuestra carrera.

Quiebra, bancarrota, ruptura de una sociedad: La Torre también puede indicar que nuestro negocio se derrumba o puede referirse a la ruptura

de una sociedad de nego-
cios. En todo caso indica al
fracaso de nuestros planes.

En general, los eventos
que simboliza La Torre,
es decir, una caída de una
posición elevada, como
muestra gráficamente esta
carta, indican situaciones
extremas a las que hemos
llegado debido a los excesos cometidos o como re-
sultado de nuestras trans-
gresiones. Es por eso que
La Torre también se llama
"el dedo de Dios"; es claro
que su simbología se relaciona con el relato bíblico
de la Torre de Babel, que
muestra como Dios castigó
a los hombres por su orgullo desmedido.

Invertida, La Torre tiene
un significado, que si bien
no es tan extremo, no tiene
ningún aspecto positivo.
En lo laboral indica que nuestro trabajo es rutinario y no ofrece posibilidad de mejora alguna, estamos estancados. No podemos esperar nada
bueno de nuestros jefes, que no reconocerán nuestros méritos e incluso
pueden llegar a culparnos de faltas que no hemos cometido.

XVII. La Estrella

SIGNIFICADO ADIVINATORIO
Perspicacia y claridad de visión, inspiración, rayo de luz. Tus esperanzas se cumplirán. Ayuda inesperada. Los dones del espíritu, flexibilidad. Pureza, naturalidad, honestidad. Carta totalmente espiritual.

INVERTIDA
Arrogancia, pesimismo, testarudez, error de juicio y/o percepción. Reestructuración, privación y abandono. No se cumplirán tus esperanzas.

La Estrella simboliza la esperanza, la inspiración y la renovación. En el ámbito laboral, esta carta puede tener varias interpretaciones relevantes:

Inspiración y claridad: La Estrella representa la inspiración y la claridad mental en nuestro trabajo. Puede indicar que disfrutamos de nuestro trabajo y que nos sentimos motivados y entusiasmados con nuestras responsabilidades laborales. Esta carta nos invita a dejarnos llevar por nuestra inspiración y a aprovechar nuestra creatividad y talentos en nuestro trabajo.

Esperanza y optimismo: La Estrella indica que tenemos grandes esperanzas y que tendremos buenas oportunidades en nuestra carrera profesional. Esta carta nos anima a mantener una actitud positiva y a confiar en que nuestros esfuerzos darán frutos.

Honestidad y autenticidad: La Estrella indica que estamos en sintonía con nuestro verdadero ser y que nos sentimos seguros de nuestras capacidades y talentos. Esta carta nos alienta a ser fieles a nosotros mismos, a expresar nuestras ideas y a confiar en nuestra intuición en el entorno laboral.

Apoyo y colaboración: La Estrella nos promete que recibiremos ayuda y apoyo. Puede indicar que seremos respaldados por nuestros colegas o superiores en nuestra carrera. Esta carta nos anima a buscar conexiones positivas en nuestro entorno laboral y a cultivar relaciones que nos impulsen hacia el éxito.

En general, La Estrella es una carta positiva en el ámbito laboral, indicando esperanza, inspiración y renovación. Nos alienta a seguir nuestros sueños, confiar en nuestras habilidades y aprovechar las oportunidades que se presenten en nuestro camino.

Si aparece invertida, La Estrella pinta un panorama completamente opuesto. No estamos inspirados, sino que al contrario, nuestra testarudez y arrogancia nos harán cometer errores. Tampoco recibiremos apoyo de nuestros colegas o superiores, sino que nos dejarán abandonados a nuestra suerte. No se cumplirán nuestras esperanzas. Lo mejor que podemos hacer para superar este mal período es tratar de clarificar nuestro espíritu, reconocer nuestras limitaciones y no pretender obtener más de lo que merecemos.

XVIII. La Luna

SIGNIFICADO ADIVINATORIO
Umbral de un importante cambio, camino difícil y confuso. Penosa exploración del propio lado oscuro o el dominio psíquico, psicoanálisis. Imaginación, instinto, misterio, sueños intensos, pesadillas. Posible error y/o engaño.

INVERTIDA
Sentimientos vagos y perturbadores. Altibajos emocionales. Depresión. Peligros y/o enemigos no vistos. El imposible hallar el camino, retirada. Alucinación, engañarse a uno mismo, histeria, paranoia. Se recomienda evitar los riesgos. Acompañada por el IX° arcano mayor, El Ermitaño, significa escándalo, delación y difamación.

La Luna representa la intuición, la imaginación y la exploración del inconsciente. En el ámbito laboral, la presencia de La Luna puede tener varias interpretaciones relevantes:

Intuición y sabiduría interior: La Luna simboliza la influencia de la intuición y el instinto en nuestro trabajo. Si nuestro trabajo nos exige tratar con personas, comprenderlas y asesorarlas, La Luna puede permitirnos conectarnos mejor con otras personas.

Ambigüedad y engaños: La Luna también representa la ambigüedad y los engaños en el entorno laboral. Nos dice que posiblemente haya información oculta o malentendidos que podrían generar confusión en nuestro trabajo. Esta carta nos insta a ser cautelosos y a buscar claridad en nuestras relaciones y proyectos laborales. Puede ser necesario indagar más a fondo y cuestionar las situaciones en las que estamos involucrados para evitar caer en trampas o malentendidos. Quizás las cosas no sean lo que parecen ser.

Ciclos y cambios emocionales: La Luna simboliza los ciclos emocionales y los cambios de ánimo en el trabajo. Puede indicar que experimentamos altibajos emocionales en relación con nuestra carrera, lo cual puede influir en nuestro rendimiento y bienestar laboral. Esta carta nos invita a ser consciente de nuestras emociones y a encontrar formas saludables de expresarlas en nuestro entorno laboral.

Creatividad y expresión artística: La Luna representa la creatividad y la expresión artística en el trabajo. Puede indicar que tenemos habilidades creativas que pueden ser aprovechadas en nuestra carrera. Esta carta nos invita a explorar nuestro lado artístico y a encontrar formas de incorporar la creatividad en nuestras responsabilidades laborales. Puede ser beneficioso buscar enfoques originales y desarrollar el pensamiento lateral en nuestro trabajo.

Desarrollo personal y espiritual: La Luna también simboliza el desarrollo personal y espiritual en el trabajo. Puede indicar que estamos en un período de crecimiento interno y que nuestra carrera se está alineando con nuestros valores y propósito de vida. Esta carta nos invita a buscar un trabajo que sea significativo para nosotros y que nos permita desarrollarnos en todos los niveles.

En resumen, La Luna tiene aspectos positivos y negativos. Indica un período de cambio en nuestra perspectiva, cuando posiblemente cuestionaremos nuestros valores y buscaremos nuevos caminos. Obviamente esto puede afectar a nuestro trabajo y quizás nos haga replantearnos lo que hacemos.

Si se presenta invertida, La Luna es una fuente de confusión. Puede que pasemos por un período de altibajos emocionales en el que no tendremos claro nuestro camino. Es aconsejable que no tomemos decisiones importantes hasta superar este trance. En lo laboral, tratemos de cumplir con nuestra tarea sin buscar complicaciones, o, si podemos permitírnoslo tomemos unas vacaciones. Sería útil buscar la ayuda de un psicoanalista o un maestro espiritual.

XIX. El Sol

Significado adivinatorio
Buena reputación, fama, carisma. Triunfo y éxito asegurado. Discernimiento lúcido, claridad de juicio y expresión, talento literario o artístico. Hermandad, felicidad conyugal. Curación, física o emocional.

Invertida
Inmadurez. Dificultad encarando la realidad. Un don nadie pretencioso. Obnubilación, vanidad, fingimiento, falsa pompa, jactancia, orgullo, egocentrismo. Relación, matrimonio o trabajo perdido. Planes anulados.

El Sol es una carta muy positiva que representa el éxito, la alegría, la vitalidad y la fama. En el ámbito laboral, esta carta puede tener varias interpretaciones relevantes:

Éxito y reconocimiento: El Sol simboliza el triunfo en nuestra vida profesional. Puede indicar que nuestros esfuerzos y habilidades están siendo reconocidos y recompensados. Esta carta nos invita a disfrutar de nuestros logros y a compartir con otros nuestras bendiciones.

Claridad y amplia perspectiva: El Sol nos indica que tenemos una visión clara de nuestras metas y que sabemos cómo alcanzarlas. Esta carta nos anima a aprovechar nuestra claridad mental y nuestras habilidades de toma de decisiones para avanzar en nuestra carrera.

Energía y vitalidad: El Sol simboliza la energía y la vitalidad. Puede indicar que nuestra pasión nos impulsa; el fuego de nuestro entusiasmo es contagioso y animará a nuestros colegas y subordinados, creando un ambiente laboral lleno de entusiasmo y productividad.

Colaboración y trabajo en equipo: El Sol también representa la colaboración y el trabajo en equipo. Puede indicar que estamos rodeados de personas con las que podemos trabajar de manera armoniosa y efectiva. Esta carta nos invita a aprovechar las habilidades y fortalezas de los demás para lograr metas comunes en nuestro trabajo.

Claridad de juicio y talento: El Sol indica que tenemos las cualidades necesarias para llevar adelante una carrera profesional creativa. Sabemos como expresar nuestras ideas y como destacarnos, como también como relacionarnos con sinceridad con la gente que nos rodea.

En resumen, El Sol es muy positivo en el ámbito laboral, representando éxito, creatividad y vitalidad. Nos insta a manifestar nuestras habilida-

des y energía positiva para alcanzar nuestras metas y encontrar satisfacción en nuestra carrera.

Si está invertida, esta carta indica inmadurez y excesivas pretensiones. Es mejor que no intentemos hacer cosas para las que no estamos preparados y que seamos sinceros, sin presentar una falsa fachada al mundo. Si intentamos conseguir lo que no merecemos solo haremos el ridículo y podemos llegar a perder nuestro trabajo.

XX. El Juicio

SIGNIFICADO ADIVINATORIO
Cambio radical, nueva oportunidad, reintegración, reconciliación. Despertar espiritual, esclarecimiento. Secretos revelados. Dictamen judicial favorable.

INVERTIDA
Error. Vacilación espiritual, miedo, debilidad, culpa, separación, divorcio. Decisión postergada. Dictamen judicial adverso.

El Juicio representa un despertar espiritual, una renovación y la toma de decisiones importantes. En el ámbito laboral, esta carta puede tener varias interpretaciones relevantes:

Evaluación de nuestra carrera: El Juicio nos invita a hacer una evaluación profunda de nuestra carrera profesional y a reflexionar sobre nuestras metas, logros y experiencias laborales. Puede ser un buen momento para hacer un balance de nuestras habilidades, conocimientos y pasiones, y considerar si estamos en el camino correcto en nuestra trayectoria profesional.

Decisiones trascendentales: El Juicio indica la necesidad de tomar decisiones trascendentales en el ámbito laboral. Puede ser un llamado a hacer cambios significativos en nuestra carrera, como cambiar de empleo, buscar nuevas oportunidades o emprender un camino totalmente diferente. Esta carta nos anima a sopesar cuidadosamente nuestras opciones y tomar decisiones basadas en nuestra intuición y sabiduría interior.

Transformación y renacimiento profesional: El Juicio simboliza la transformación y el renacimiento en el trabajo. Puede indicar que estamos en un período de cambio y que nos estamos liberando de patrones y situaciones que nos limitan. Esta carta nos insta a aprovechar la oportunidad para reinventarnos profesionalmente, descubrir nuevas habilidades y buscar una mayor realización en nuestra carrera.

Responsabilidad y rendición de cuentas: El Juicio también implica asumir la responsabilidad y rendir cuentas en nuestro trabajo. Puede indicar que es importante que actuemos con integridad, transparencia y honestidad en nuestras responsabilidades laborales. Esta carta nos invita a evaluar nuestras acciones y a tomar medidas para corregir cualquier error o desequilibrio en nuestro trabajo.

Reevaluación de nuestras prioridades: El Juicio puede ser un llamado a seguir nuestra verdadera vocación y alinear nuestro trabajo con nuestros valores más profundos. Puede indicar que es hora de buscar un mayor significado y satisfacción en nuestra carrera, enfocándonos en aquello que llene de sentido y motivación nuestra vida. Esta carta nos anima a escuchar nuestra voz interior y a seguir nuestra intuición en la búsqueda de un trabajo más alineado con nuestro propósito en la vida.

En resumen, El Juicio indica un cambio radical, un momento en el que debemos conciliar lo que hacemos con lo que somos, buscando la reconciliación de nuestra real vocación con nuestro trabajo. También puede indicar secretos revelados. Quizás el cambio sea provocado por algo que sale a la luz y que nos hace volver a evaluar nuestro trabajo o nuestra vida.

Si está invertido, El Juicio indica error y duda. Posiblemente no tengamos claro que camino seguir o posterguemos una decisión importante porque no nos atrevemos a cambiar, o quizás tomemos el camino equivocado. También puede indicar un juicio adverso, democión o pérdida de trabajo.

XXI. El Mundo

SIGNIFICADO ADIVINATORIO
Realización, obra completada, recompensas, seguridad, circunstancias muy favorables. Viaje, emigración (dentro del mismo continente), cambio de lugar de residencia. Compra o venta de tierras.

INVERTIDA
Obstáculos, estancamiento, estorbos, falta de visión, fracaso, contrariedad. Atmósfera hostil. Miedo al cambio o a los viajes, tener demasiado apego al lugar de residencia o al trabajo.

El Mundo simboliza la culminación de una obra, recompensas y éxito. En el ámbito laboral, El Mundo puede tener varias interpretaciones relevantes:

Logro de metas y éxito: El Mundo indica que alcanzamos nuestras metas y triunfamos en nuestro trabajo. Puede indicar que hemos alcanzado un alto nivel de realización profesional y que nos sentimos satisfechos con nuestros logros.

Reconocimiento y prestigio: El Mundo simboliza el reconocimiento y el prestigio en el entorno laboral. Puede indicar que nuestra reputación y habilidades son altamente valoradas por nuestros colegas, superiores o clientes. Esta carta nos invita a seguir destacándonos en nuestro trabajo y a mantener la calidad de nuestra obra.

Oportunidades de expansión: El Mundo también representa oportunidades de expansión en nuestra carrera. Puede indicar que se presentarán nuevas posibilidades y proyectos en nuestro campo laboral, que nos permitirán crecer y avanzar profesionalmente. Esta carta nos alienta a estar abiertos a las oportunidades y a ser audaces al enfrentar nuevos desafíos. Puede que tengamos la opción de emigrar a otro país para desarrollar mejor nuestro trabajo.

Cierre de un ciclo y comienzo de una nuevas etapa: El Mundo simboliza la conclusión de un ciclo y el inicio de una nueva etapa en nuestro trabajo. Puede indicar que hemos completado con éxito un proyecto o una etapa importante de nuestra carrera, y que estamos listo para embarcarnos en nuevas aventuras profesionales. Esta carta nos invita a reflexionar sobre nuestros logros pasados y a estar preparados para nuestros próximos desafíos.

Integración y equilibrio: El Mundo representa la integración y el equilibrio en el ámbito laboral y personal. Puede indicar que hemos logrado armonizar diferentes aspectos de nuestra vida y encontrar un equilibrio entre nuestro trabajo y nuestro bienestar personal. Esta carta nos insta a mantener ese equilibrio y a seguir cultivando una vida laboral satisfactoria y saludable.

En resumen, El Mundo es muy positivo en el ámbito laboral, simbolizando el logro, el éxito y la culminación de un período. Nos invita a disfrutar de nuestros éxitos, estar abiertos a nuevas oportunidades y mantener el equilibrio en nuestro trabajo.

Si está invertida, esta carta indica que vivimos en una burbuja, nos cerramos al cambio, no nos atrevemos a tomar decisiones y nos aislamos de los demás. Todo esto no presagia nada bueno para nuestra vida laboral, a menos que flexibilicemos nuestra actitud y nos abramos al mundo.

Los Arcanos Menores:
Bastos

As de Bastos

SIGNIFICADO ADIVINATORIO
Creación. Iniciativa y determinación. Capacidad para llevar a cabo emprendimientos. Comienzo de una empresa, aventura, invención o algo nuevo. Energía, entusiasmo. Buena salud, virilidad y fertilidad. Concepción o nacimiento de un niño.

INVERTIDA
Caída. Perder o postergar alguna cosa (empleo, emprendimiento, etc.). Falsos comienzos. Impotencia falta de energía, carencia de empuje.

El As de Bastos es una carta poderosa que representa el potencial, la creatividad y las oportunidades en el ámbito laboral. Cuando aparece en una lectura relacionada con el trabajo, el As de Bastos puede tener varias interpretaciones relevantes:

Nuevo comienzo y oportunidades: El As de Bastos indica un nuevo comienzo en nuestra carrera o la aparición de nuevas oportunidades laborales. Puede representar el inicio de un proyecto excitante, un cambio de empleo o la posibilidad de emprender un nuevo camino profesional. Esta carta nos invita a generar nuevas oportunidades, pero también a estar abiertos, ser receptivos a las oportunidades que se nos presenten y aprovecharlas al máximo.

Energía y motivación: El As de Bastos indica que tenemos una gran dosis de energía y empuje en el trabajo. Puede sugerir que estamos dispuestos a emprender una nueva tarea con fuerza y determinación; utilicemos esa energía para avanzar en nuestras metas profesionales, impulsando nuestros proyectos y haciéndolos fructificar.

Creatividad y originalidad: El As de Bastos indica creatividad y originalidad en el trabajo. Puede significar que tenemos habilidades únicas y una perspectiva innovadora que podemos aplicar en nuestra carrera. Esta carta nos invita a confiar en nuestra creatividad y a buscar soluciones originales en nuestro entorno laboral.

Emprendimientos y liderazgo: El As de Bastos también está asociado con el espíritu emprendedor y el liderazgo. Puede indicar que tenemos las cualidades necesarias para iniciar nuestro propio negocio o asumir roles de liderazgo en nuestro trabajo actual.

Confianza y valentía: El As de Bastos representa la confianza en uno mismo y la valentía para enfrentar desafíos laborales. Sugiere que estamos preparados para superar obstáculos y tomar acciones audaces en nuestra carrera profesional.

En resumen, el As de Bastos es una carta llena de potencial y oportunidades en el ámbito laboral. Nos invita a aprovechar nuestra energía, creatividad y motivación para perseguir nuestras metas y alcanzar el éxito en nuestra carrera.

Si está invertido, el As de Bastos indica fracaso, posiblemente debido a falta de energía o motivación. Puede que tengamos que postergar nuestros proyectos o nuestra carrera profesional sufra un percance.

Dos de Bastos

SIGNIFICADO ADIVINATORIO
Iniciativa, planificación y proyección del poder, aumento de la influencia; madurez, personalidad, arrojo, fuerza de voluntad. Encrucijada, varias opciones para elegir.

INVERTIDA
Perturbación, sorpresa. Desasosiego, miedo, pérdida de fe en uno mismo. Enfermedad, sufrimiento físico. Se cortó la buena racha.

El Dos de Bastos es una carta que representa la toma de decisiones, el poder de la planificación y la exploración de nuevas oportunidades. En el ámbito laboral, el Dos de Bastos puede tener varias interpretaciones relevantes:

Toma de decisiones estratégicas: El Dos de Bastos indica que estamos en un punto en nuestra carrera donde debemos tomar decisiones estratégicas importantes. Este puede ser el momento de evaluar diferentes opciones y elegir el camino que mejor se alinee con nuestras metas y aspiraciones profesionales. Esta carta nos invita a considerar cuidadosamente nuestras opciones y a confiar en nuestra capacidad para tomar decisiones informadas.

Planificación y visión a largo plazo: El Dos de Bastos representa la planificación y la visión a largo plazo en el trabajo. Puede indicar que estamos en el proceso de establecer metas claras y trazar un plan estratégico para alcanzarlas. Esta carta nos anima a tener una visión clara de nuestros objetivos profesionales y a trabajar de manera consistente para lograrlos.

Colaboración y asociaciones laborales: El Dos de Bastos también puede indicar la importancia de la colaboración y las asociaciones en el ámbito laboral. Este puede ser un momento propicio para establecer alianzas estratégicas o trabajar en equipo con colegas y socios comerciales. Esta carta nos insta a buscar sinergias y a aprovechar las habilidades y recursos de otros para lograr un mayor éxito en nuestros emprendimientos.

Exploración de nuevas oportunidades: El Dos de Bastos puede indicar la aparición de nuevas oportunidades laborales o la necesidad de explorar diferentes caminos profesionales. Este es un buen momento para salir de nuestra zona de confort y explorar opciones que amplíen nuestros horizontes laborales. Esta carta nos enseña que debemos ser atrevidos y aventureros en la búsqueda de nuevas posibilidades.

Equilibrio entre la planificación y la acción: El Dos de Bastos nos recuerda la importancia de equilibrar la planificación estratégica con la acción en el trabajo. Puede indicar que debemos poner en práctica nuestros planes y tomar medidas concretas para avanzar hacia nuestros objetivos. Esta carta nos insta a ser proactivos y a aprovechar las oportunidades que se nos presenten.

En resumen, el Dos de Bastos representa la toma de decisiones estratégicas, la planificación y la exploración de nuevas oportunidades en el trabajo. Nos invita a evaluar nuestras opciones, establecer metas claras y actuar de manera coherente para lograr el éxito en nuestra carrera.

Si aparece invertida, esta carta indica perturbaciones inesperadas y trabas en nuestra carrera profesional. Posiblemente eso nos desanime y perdamos la fe en nosotros mismos. Hasta que no superemos nuestro desánimo y falta de energía estaremos bloqueados.

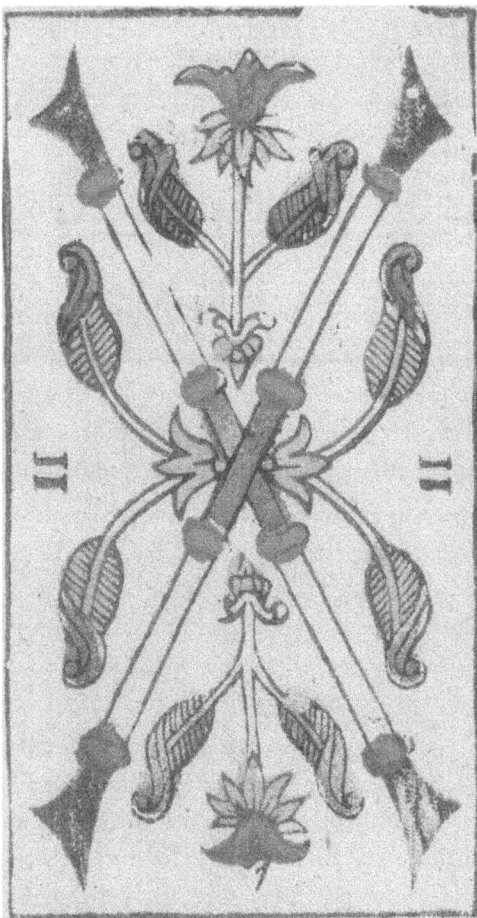

Tres de Bastos

Significado adivinatorio
Fuerza o empresa establecida y en expansión, metas cumplidas. Riqueza, poder, coraje, perseverancia, orgullo, nobleza. Cooperación, asociación. Advertencia contra el orgullo y la arrogancia.

Invertida
Inconsistencia, planes fallidos, decepción, arduas complicaciones, repliegue, interrupción. Robo, engaño, pérdida.

El Tres de Bastos es una carta que representa el progreso, la expansión y el éxito en el ámbito laboral. Cuando aparece en una lectura relacionada con el trabajo, esta carta puede tener varias interpretaciones relevantes:

Progreso y crecimiento: El Tres de Bastos indica que estamos en un período de desarrollo y consolidación en nuestra carrera. Puede representar el avance hacia metas establecidas, la adquisición de nuevas habilidades o el logro de hitos importantes en nuestro trabajo. Esta carta nos anima a seguir adelante y aprovechar el impulso positivo para alcanzar un mayor éxito profesional.

Expansión y oportunidades internacionales: El Tres de Bastos también puede señalar la expansión de nuestros horizontes laborales. Puede indicar que se presentarán oportunidades para expandirnos a nivel internacional, establecer contactos con personas de otros países o explorar nuevas perspectivas en nuestro campo profesional. Esta carta nos invita a considerar la posibilidad de expandir nuestras fronteras y aprovechar las oportunidades que se nos presenten.

Colaboraciones y asociaciones estratégicas: El Tres de Bastos nos enseña que es beneficioso establecer relaciones profesionales sólidas, formar alianzas estratégicas o buscar el apoyo y consejo de personas influyentes en nuestro campo de acción. Esta carta nos anima a buscar sinergias y a aprovechar las fortalezas y recursos de otros para impulsar nuestra carrera profesional.

Liderazgo y toma de decisiones: El Tres de Bastos también está asociado con el liderazgo y la toma de decisiones en el trabajo. Puede indicar que tenemos la capacidad y el apoyo que nos permitirá liderar proyectos o equipos de trabajo, y que se nos presentarán oportunidades para asumir roles de mayor responsabilidad.

Visión a largo plazo y planificación estratégica: El Tres de Bastos nos recuerda la importancia de tener una visión a largo plazo y realizar una planificación estratégica en nuestro trabajo. Puede indicar que es el momento adecuado para establecer metas claras y trazar un plan detallado para alcanzarlas.

En resumen, el Tres de Bastos representa el progreso, la expansión y el éxito en el ámbito laboral. Nos anima a seguir avanzando, aprovechar las oportunidades que se nos presenten y establecer relaciones estratégicas para impulsar nuestra carrera hacia un mayor crecimiento y logros. El Tres de Bastos también nos advierte que no debemos dejar que nuestro éxito y prominencia nos envanezcan, por eso nos previene contra el orgullo y la arrogancia.

Si aparece invertido, el Tres de Bastos indica complicaciones inesperadas, perturbaciones en nuestro trabajo o nuestros negocios que nos traerán pérdidas. Es posible que alguien nos robe o nos decepcione.

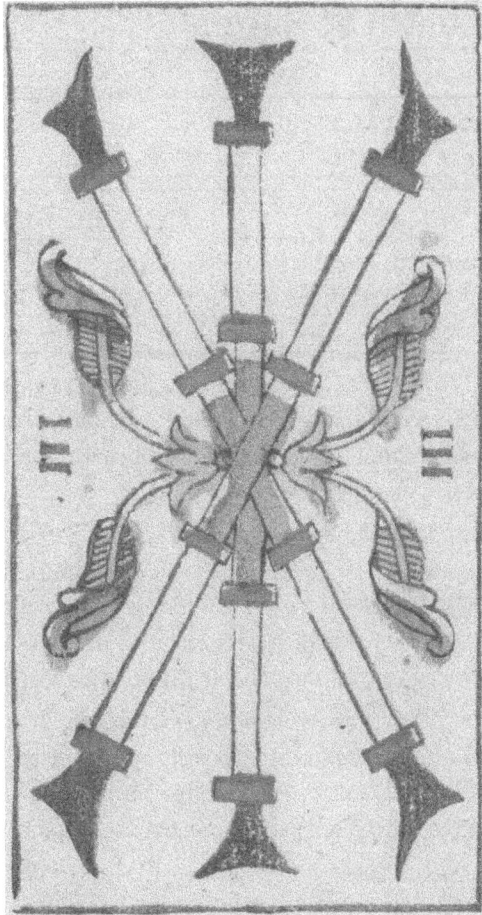

Cuatro de Bastos

Significado adivinatorio
Consumación, prosperidad, celebración. Asentamiento, paz, armonía. Romance, matrimonio, sociedad.

Invertida
Tiene un significado similar que cuando aparece al derecho, pero con menos plenitud y con imperfecciones. Dudas, nerviosismo, contradicciones, felicidad incompleta. Los excesos precipitarán la decadencia.

El Cuatro de Bastos es una carta que representa estabilidad, logros sólidos y celebración en el ámbito laboral. Cuando aparece en una lectura relacionada con el trabajo, esta carta puede tener varias interpretaciones relevantes:

Estabilidad y seguridad laboral: El Cuatro de Bastos indica que estamos experimentando un período de estabilidad y seguridad en nuestro trabajo. Puede referirse a un empleo estable, un entorno laboral armonioso y un sentido de pertenencia en nuestro lugar de trabajo, o, si tenemos un negocio, a una asociación que nos fortifica y nos brinda seguridad.

Logros y reconocimiento: El Cuatro de Bastos también representa logros sólidos y reconocimientos en nuestra carrera. Puede indicar que hemos alcanzado hitos importantes, completado proyectos exitosos o recibido el reconocimiento por nuestro desempeño laboral.

Ambiente laboral armonioso: El Cuatro de Bastos simboliza un ambiente laboral armonioso y positivo. Sugiere que tenemos buenas relaciones con nuestros colegas y superiores, lo que contribuye a un clima de cooperación y apoyo mutuo. Esta carta nos insta a mantener esas relaciones saludables y a trabajar en equipo para alcanzar objetivos comunes.

Proyectos y eventos importantes: El Cuatro de Bastos puede señalar la realización de proyectos importantes o la participación en eventos laborales significativos. Puede indicar que estamos involucrados en importantes iniciativas, conferencias o actividades que nos permiten destacar en nuestro campo profesional.

Equilibrio entre el trabajo y la vida personal: El Cuatro de Bastos también nos recuerda la importancia de mantener un equilibrio saludable entre nuestro trabajo y nuestra vida personal. Puede indicar que hemos logrado establecer límites adecuados y que equilibramos bien nuestras responsabilidades laborales con nuestra vida personal. Esta carta nos

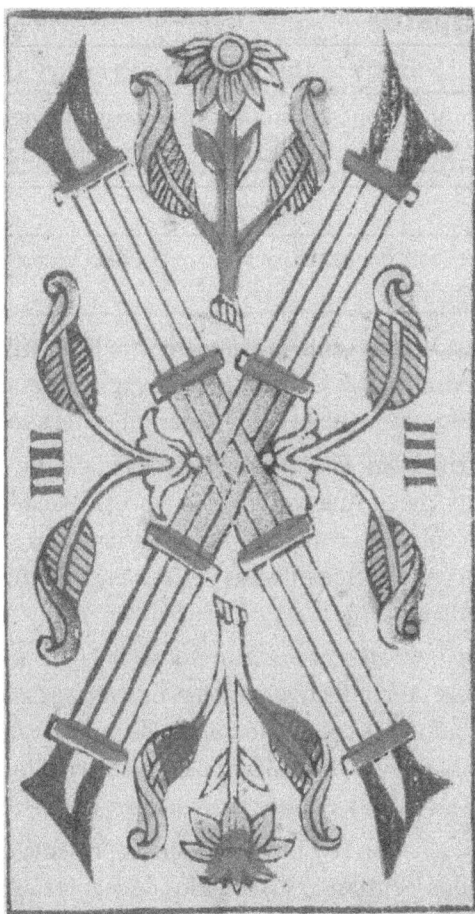

insta a mantener ese equilibrio y a no descuidar otras áreas de nuestra vida en aras del éxito profesional.

En resumen, el Cuatro de Bastos representa la estabilidad, los logros sólidos y la celebración en el ámbito laboral. Sin embargo, no debemos dar nada por sentado, sino ocuparnos activamente en mantener la estabilidad que disfrutamos.

Si el Cuatro Bastos está invertido, indica que estamos descuidando los logros que hemos alcanzado, y poniendo en peligro la estabilidad de nuestro trabajo. Nos previene contra los excesos y los conflictos con otras personas. No tomemos decisiones apresuradas, seamos prudentes y conservadores, no arriesguemos lo que tanto nos costó ganar.

Cinco de Bastos

Significado adivinatorio
Conflicto, complicaciones, enredo. Riña, violenta pelea, discusión tempestuosa. Competición, obstáculos, oposición. Litigio.

Invertida
Ganancia. Nuevas oportunidades de negocios. Victoria después de superar la oposición.

El Cinco de Bastos representa la competencia, los conflictos y los desafíos en el ámbito laboral. Cuando aparece en una lectura relacionada con el trabajo, esta carta puede tener varias interpretaciones relevantes:

Competencia y rivalidad: El Cinco de Bastos indica que enfrentaremos intensa competencia en nuestro entorno laboral. Puede que tengamos discusiones con colegas o competidores. Esta carta nos anima a mantener la confianza en nosotros mismos y perseverar y defendernos en un entorno competitivo.

Trabajo en equipo y colaboración: Aunque el Cinco de Bastos pueda señalar la presencia de conflictos, también nos recuerda la importancia del trabajo en equipo y la colaboración. Puede indicar que, a través de la comunicación abierta y la disposición para escuchar a los demás, podemos superar los desafíos y encontrar soluciones que satisfagan a todos.

Superación de obstáculos: El Cinco de Bastos representa la necesidad de superar obstáculos y enfrentar los desafíos de manera determinada. No nos desanimemos ante los obstáculos, sino utilicémoslos como oportunidades para fortalecernos y desarrollar nuevas habilidades.

Gestión de conflictos: El Cinco de Bastos indica tensiones, desacuerdos o rivalidades en nuestro entorno laboral, que incluso pueden llegar hasta el ámbito de la justicia. Es importante manejar los conflictos de manera adecuada, tratemos de encontrar un equilibrio entre defender nuestros puntos de vista y ser receptivos a las ideas de los demás. Busquemos soluciones pacíficas, y mantengamos la calma en situaciones tensas, sin por eso dejarnos avasallar.

En resumen, el Cinco de Bastos representa la competencia, los conflictos y los desafíos en el ámbito laboral. Nos invita a enfrentar los desafíos con firmeza, buscar soluciones en equipo y aprender de las dificultades para seguir creciendo en nuestra carrera profesional.

Si está invertido, el Cinco de Bastos indica que superaremos la oposición y los conflictos, lo que nos ofrecerá nuevas oportunidades de negocios.

Seis de Bastos

Significado adivinatorio
Victoria después de la lucha. Buenas noticias, progreso, avance. Liderazgo, apoyo de los amigos o seguidores. Alianza.

Invertida
No es posible formar una alianza, o tus adversarios se alían en contra tuya. Alguien triunfa a nuestra costa. Falta de reconocimiento. Aplazamiento. Insolencia del victorioso. Traición, aprensión.

El Seis de Bastos representa el éxito, el reconocimiento y los logros en el ámbito laboral. Cuando aparece en una lectura relacionada con el trabajo, esta carta puede tener varias interpretaciones relevantes:

Éxito y logros profesionales: El Seis de Bastos nos dice que estamos experimentando un período de éxito y logros en nuestra carrera. Puede indicar la obtención de resultados positivos en nuestros proyectos o el cumplimiento de metas profesionales importantes.

Reconocimiento y admiración: El Seis de Bastos también representa el reconocimiento y la admiración de nuestros colegas, superiores o clientes. Puede indicar que nuestro trabajo está siendo valorado y apreciado, y que hemos ganado el respeto y la confianza de quienes nos rodean.

Liderazgo y roles de autoridad: El Seis de Bastos indica capacidad de liderazgo y la asunción de roles de autoridad en nuestro entorno laboral. Dado que tenemos la confianza del equipo que nos apoya, este es un buen momento para desarrollar nuevos proyectos y actuar con iniciativa. Si manejamos nuestro propio negocio, este el tiempo propicio para expandirlo formando una alianza con gente que pueda aportar cosas positivas.

Éxito en la comunicación y la negociación: El Seis de Bastos sugiere que somos capaces de expresar nuestras ideas de manera efectiva, persuadir a otros y alcanzar acuerdos beneficiosos. Utilicemos nuestras habilidades de comunicación para construir relaciones sólidas y alcanzar nuestros objetivos profesionales.

Oportunidades y avance profesional: El Seis de Bastos indica la aparición de nuevas oportunidades y el avance en nuestra carrera. Puede que recibamos promociones, ascensos o nuevas ofertas laborales. Esta carta nos invita a estar atentos a las oportunidades y a tomar decisiones informadas que impulsen nuestro progreso en el trabajo.

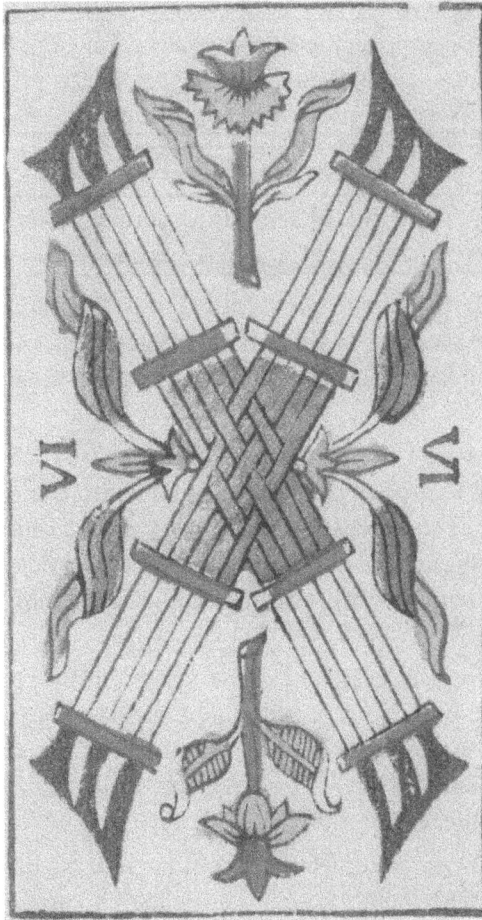

En resumen, el Seis de Bastos representa el éxito, el reconocimiento y los logros en el ámbito laboral. Nos anima a aprovechar las oportunidades que se nos presenten y a utilizar nuestro liderazgo y habilidades de comunicación para alcanzar nuevas metas profesionales.

Si está invertido, el Seis de Bastos indica que estamos aislados y fuimos dejados de lados en nuestro entorno laboral. Aunque otros progresan, nuestra carrera profesional está estancada, porque no logramos el reconocimiento de nuestros superiores ni el apoyo de nuestros pares.

Siete de Bastos

Significado adivinatorio
Firme determinación. Victoria a través del coraje a pesar de las desventajas. Esfuerzo, lucha, fiera competición. Mantenerse firme frente a la oposición. Negociación, discusión, contrato.

Invertida
Incapacidad para afrontar los desafíos. Desorganización, ignorancia o falta de voluntad que lleva al fracaso. Bochorno.

El Siete de Bastos indica que nos enfrentamos en desventaja a una firme oposición, pero tenemos la firme determinación de triunfar. Cuando aparece en una lectura relacionada con el trabajo, esta carta tiene varias interpretaciones relevantes:

Defensa del territorio: El Siete de Bastos nos recuerda la importancia de establecer límites claros en nuestro trabajo. Puede que nos enfrentemos a situaciones en las que debemos ser firmes y no dejarnos intimidar, incluso si eso implica enfrentar desafíos o críticas. No dejemos que otros se aprovechen de nosotros. Confiemos en nosotros mismos y mantengámonos firmes.

Superación de obstáculos: El Siete de Bastos también representa la capacidad de superar obstáculos y resistir la adversidad en el ámbito laboral. Puede indicar que estamos enfrentando desafíos, competencia o una ardua negociación, pero tenemos la fuerza y la determinación para enfrentarlos y mantener nuestra posición.

Competencia y desafío: El Siete de Bastos sugiere intensa competencia y desafíos en nuestro entorno laboral. Puede que estemos siendo desafiados por colegas o circunstancias externas adversas. No debemos sentirnos intimidados por la competencia, sino que podemos utilizarla como una oportunidad para crecer y mejorar nuestras habilidades profesionales.

En resumen, el Siete de Bastos representa la defensa de nuestra área de influencia, la perseverancia y la resistencia en el ámbito laboral. Nos enseña a establecer límites claros y a enfrentar la competencia con determinación y confianza. Si perseveramos promete la victoria.

Si está invertida, esta carta indica un período de desorganización, cuando no somos capaces de afrontar los desafíos y la competencia, ya sea por incapacidad, ignorancia o falta de voluntad. Si no tomamos una

posición más firme y determinada nuestra dignidad se verá compro-
metida.

Ocho de Bastos

SIGNIFICADO ADIVINATORIO
Rápido avance, grandes esperanzas, ambición, hiperactividad. Decisiones apresuradas. Viaje aéreo, mensajes, cartas de amor. Libertad.

INVERTIDA
Oposición, celos, discordia, disputas en el hogar. Retraso en los negocios o en los asuntos amorosos. Si aplicamos la fuerza inadecuadamente o con demasiada premura, no alcanzaremos el éxito. Se requiere paciencia.

El Ocho de Bastos indica rápido avance, progreso y comunicación fluida en el ámbito laboral. Cuando aparece en una lectura relacionada con el trabajo, esta carta puede tener varias interpretaciones relevantes:

Progreso y movimiento: El Ocho de Bastos indica un período dinámico de desarrollo en nuestra carrera profesional. Puede representar una etapa en la que nuestros proyectos y metas laborales progresan rápidamente y avanzamos con gran empuje. Aprovechemos este surplus de energía para tomar medidas rápidas y efectivas para alcanzar nuestros objetivos profesionales.

Comunicación fluida: El Ocho de Bastos también representa la comunicación fluida y efectiva en el trabajo. Puede indicar que recibiremos noticias o información importante relacionada con nuestra carrera. Esta carta nos invita a mantener una comunicación abierta y clara con nuestros colegas, superiores y clientes, lo que facilitará la colaboración y el logro de nuestras metas profesionales.

Oportunidades y cambios rápidos: El Ocho de Bastos puede señalar la aparición repentina de oportunidades o cambios en nuestro trabajo. Puede indicar que se presentarán nuevas posibilidades laborales o que experimentaremos un giro inesperado en nuestra trayectoria profesional, que puede involucrar viajes. Esta carta nos insta a estar preparados y dispuestos a adaptarnos rápidamente a los cambios, aprovechando las oportunidades que se nos presenten.

Ritmo acelerado y multitarea: El Ocho de Bastos también representa un ritmo de trabajo acelerado y la necesidad de realizar múltiples tareas. Puede indicar que nos enfrentaremos a una carga de trabajo intensa o a plazos ajustados. Esta carta nos anima a organizarnos, establecer prioridades y utilizar nuestra energía de manera eficiente para cumplir

con nuestras responsabi-
lidades laborales.

*Colaboración y trabajo en
equipo*: El Ocho de Bas-
tos también puede indi-
car la importancia de la
colaboración y el trabajo
en equipo en nuestro en-
torno laboral. Puede que
necesitemos   coordinar
nuestro trabajo con otros
colegas, compartir ideas
y esfuerzos para lograr
resultados exitosos. Esta
carta nos invita a buscar
alianzas y a aprovechar
la sinergia que se crea al
trabajar junto a otros profesionales.

En resumen, el Ocho de
Bastos representa la ac-
ción rápida, el progreso
y la comunicación fluida
en el ámbito laboral. Nos
anima a aprovechar las
oportunidades, a mante-
ner una comunicación clara y efectiva, a adaptarnos rápidamente a los
cambios y a colaborar con otros para alcanzar nuestras metas profesionales.

Si aparece invertido, el Ocho de Bastos indica retrasos, trabas y disputas
en nuestro entorno laboral o de negocios. Puede que las negociaciones
no avancen como querríamos o que algún desacuerdo frene nuestros
planes. Aunque tengamos premura, no tomemos decisiones apresuradas, para superar los obstáculos en nuestra vida profesional se necesita
fineza más que fuerza.

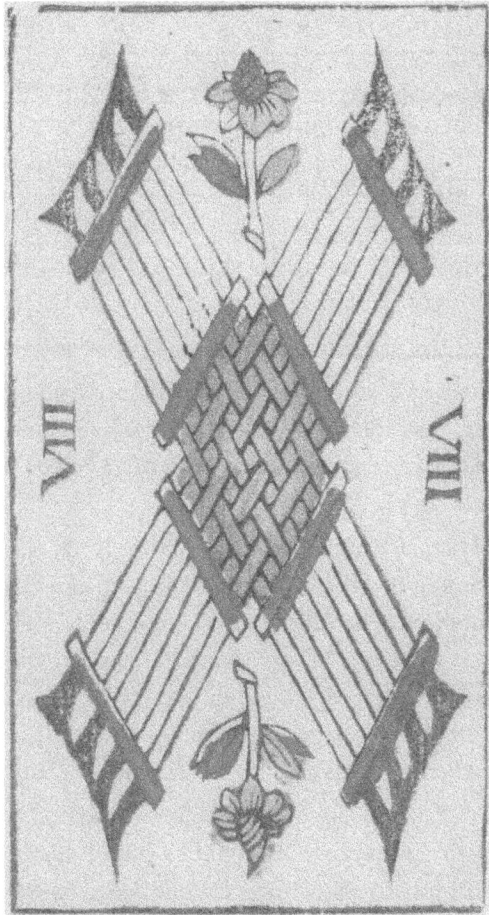

Nueve de Bastos

Significado adivinatorio
Fuerza, resistencia. Pausa en la lucha, demoras. Victoria después de superar la oposición. Recuperación de la salud.

Invertida
Debilidad, retrasos, suspensión, adversidad, imposibilidad de superar los obstáculos. Mala salud. Hay que tener paciencia, prudencia y discreción; mejor detenerse para evitar complicaciones.

El Nueve de Bastos representa la perseverancia, la resistencia y la determinación en el ámbito laboral. Cuando aparece en una lectura relacionada con el trabajo, esta carta puede tener varias interpretaciones relevantes:

Superación de obstáculos: El Nueve de Bastos indica que estamos enfrentando obstáculos y desafíos en nuestra carrera. Puede representar momentos de dificultad o agotamiento en nuestro trabajo. Sin embargo, esta carta nos insta a mantener la determinación y a no rendirnos ante las dificultades. Puede que tengamos que hacer una pausa en la lucha para recuperarnos y juntar nuevas fuerzas, pero tarde o temprano seguiremos adelante y superaremos los obstáculos que nos detienen.

Resiliencia y aguante: El Nueve de Bastos representa la capacidad de resistir y superar las adversidades en el trabajo. Puede indicar que hemos enfrentado situaciones difíciles en el pasado y hemos salido fortalecido de ellas. Esta carta nos anima a confiar en nuestra resiliencia y nuestra capacidad para superar los desafíos actuales. Podremos adaptarnos y encontrar soluciones incluso en las circunstancias más difíciles.

Protección y defensa de nuestro territorio: El Nueve de Bastos también puede representar la necesidad de proteger nuestra área de influencia en el entorno laboral. Puede indicar que estamos siendo presionados en nuestro trabajo. Esta carta nos insta a establecer límites claros, a decir "no" cuando sea necesario y a proteger nuestro tiempo y energía para evitar el agotamiento y el desgaste.

Último esfuerzo antes del éxito: El Nueve de Bastos también puede indicar que estamos en la etapa final de un proyecto o de un período de trabajo intenso. Esta carta nos anima a perseverar y a mantener la concentración en nuestro trabajo, porque nos promete el éxito final.

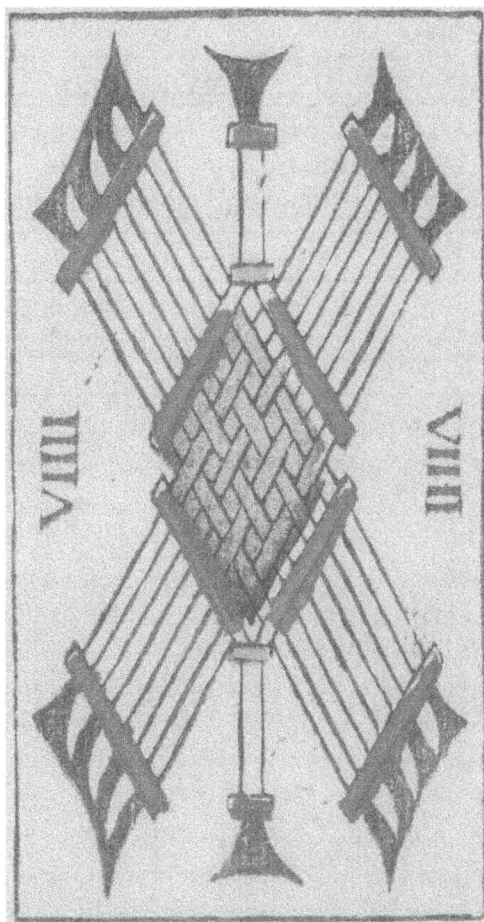

En resumen, el Nueve de Bastos representa la perseverancia, la resistencia y la determinación en el ámbito laboral. Nos anima a superar obstáculos, a confiar en nuestra resiliencia y a proteger nuestro entorno de
trabajo. Recordemos que, si bien podemos estar pasando por momentos difíciles, finalmente podremos alcanzar nuestras metas si seguimos
adelante con determinación.

Si el Nueve de Bastos aparece invertido, indica que de momento estamos bloqueados en el ámbito laboral y nuestra situación es adversa. No
tenemos la fuerza necesaria para salir adelante, es mejor esperar, prepararnos bien y planificar que hacer para progresar en nuestra carrera
profesional a largo plazo.

Diez de Bastos

SIGNIFICADO ADIVINATORIO
Opresión, ordalía, agobio, incertidumbre en una empresa, esfuerzos, poder mal aplicado, problemas que podrían resolverse pronto. Sentirse aplastado, cansado, con demasiados proyectos o responsabilidades.

INVERTIDA
Fracaso, posibles pérdidas o renuncia a algo para simplificar la vida. Intrigas, separación, emigración. Si hay un juicio pendiente habrá pérdidas.

El Diez de Bastos es una carta que representa una pesada carga, una responsabilidad abrumadora y la necesidad de hacer frente a una gran cantidad de trabajo. Cuando aparece en una lectura relacionada con el trabajo, esta carta puede tener varias interpretaciones relevantes:

Sobrecarga y agotamiento: El Diez de Bastos indica que estamos oprimidos por demasiadas responsabilidades en nuestro trabajo. Puede que estemos apremiados por plazos ajustados o una cantidad abrumadora de tareas de las que debemos hacernos cargo. Esta carta nos advierte sobre el riesgo del agotamiento y el estrés. Nos invita a buscar formas de aliviar la carga, delegar tareas si es posible y establecer límites para preservar nuestro bienestar y salud.

Terminación de un ciclo laboral: El Diez de Bastos también puede indicar el final de un ciclo laboral. Puede significar que estamos llegando al final de un proyecto o tarea importante y que estamos cerca de completarlo. Esta carta nos anima a mantener la determinación y a no rendirnos a pesar de la carga pesada que estamos llevando, ya que el final está a la vista y pronto podremos disfrutar de los frutos de nuestro trabajo.

Sobrecompromiso y falta de equilibrio: El Diez de Bastos también puede señalar que hemos asumido demasiadas responsabilidades o compromisos en nuestro trabajo. Puede estás estemos sacrificando nuestro tiempo personal y nuestro equilibrio en favor de nuestra carrera. Esta carta nos insta a evaluar nuestras prioridades y a encontrar un equilibrio sustentable entre nuestra vida laboral y personal. Nos anima a aprender a decir "no" y a establecer límites para evitar el agotamiento y la falta de satisfacción en nuestro trabajo.

Lecciones y aprendizaje: El Diez de Bastos también puede indicar que nuestra tarea resulta muy difícil porque carecemos de la experiencia necesaria y no tenemos claro como manejar las cosas que tenemos entre manos. Esta puede ser una oportunidad para aprender a manejar mejor nuestra carga de trabajo, establecer límites saludables y mejorar nuestra eficiencia y organización.

En resumen, el Diez de Bastos representa un período en el que estamos abrumados por nuestras responsabilidades laborales. Quizás hayamos asumido demasiadas responsabilidades o puede que no separamos organizarnos bien. Esta situación no es sostenible, si no podemos organizarnos mejor ni aprendemos a delegar tareas, el estrés afectará nuestra salud y nuestras relaciones sociales.

Si el Diez de Bastos está invertido indica que tendremos que renunciar a las responsabilidades laborales que no podemos sostener, ya sea voluntariamente o debido a una crisis que no seremos capaces de manejar satisfactoriamente. Quizás sea más sensato actuar proactivamente y dar un paso atrás antes que nos veamos obligados por la fuerza a renunciar. Puede que perdamos nuestro trabajo o tengamos que reubicarnos a otro lugar.

Sota de Bastos

Significado adivinatorio
Un buen extranjero, un mensajero o portador de noticias. Brillante, hábil, fogoso y atrevido. Asistente leal. Si aparece junto a una carta que representa una persona, dará buen testimonio de ella. Potencial creativo en evolución.

Invertida
Cruel, inestable, superficial, teatral, prepotente, alguien que trata de subyugarte, chismoso, calumniador, vengativo. Incapaz de controlar sus impulsos. Si eres una mujer, romperá tu corazón. Puede ser un amante infiel, especialmente junto al Siete de Espadas. Malas noticias. Inestabilidad.

La Sota de Bastos representa energía, creatividad y entusiasmo en el ámbito laboral. Cuando aparece en una lectura relacionada con el trabajo, esta carta puede tener varias interpretaciones relevantes:

Energía y entusiasmo: La Sota de Bastos indica mucho entusiasmo y dedicación al trabajo. Puede representar un período de inspiración y motivación, cuando nos sentimos llenos de energía y listos para emprender nuevos proyectos. También puede referirse a una persona que nos ayudará y es un asistente leal y capacitado.

Iniciativa y emprendimiento: La Sota de Bastos también representa la iniciativa y la disposición progresar en nuestra carrera profesional. Puede indicar que este es el momento adecuado asumir nuevos roles y colaborar con otros en proyectos laborales. Esta carta nos insta a confiar en nuestras habilidades y hacer buen uso de nuestra capacidad de trabajo.

Creatividad y originalidad: La Sota de Bastos representa la creatividad y la originalidad en el trabajo. Puede indicar que tenemos ideas frescas y novedosas para aportar a nuestro campo laboral. Esta carta nos anima a ser innovadores y a pensar fuera de lo convencional. Nos insta a confiar en nuestra intuición y en nuestra capacidad para encontrar soluciones creativas a los desafíos que podamos enfrentar en nuestro trabajo.

Oportunidades y progreso en nuestra carrera: La Sota de Bastos también puede indicar oportunidades para progresar en nuestro trabajo. Puede que recibamos nuevas ofertas laborales, un ascenso, o nos inviten a participar en un apasionante proyecto. Esta carta nos invita a estar abiertos a las oportunidades y a aprovecharlas para avanzar en nuestro camino profesional.

Confianza y capacidad de expresión: La Sota de Bastos también representa la confianza en nosotros mismos y la capacidad de expresarnos bien en el ámbito laboral. Puede indicar que estamos listos para demostrar nuestras habilidades y talentos. Esta carta nos anima a ser auténticos y a expresarnos con seguridad en nuestro trabajo, lo cual nos permitirá destacarnos y alcanzar el éxito.

En resumen, la Sota de Bastos representa la energía, la creatividad y el potencial en el ámbito laboral. Nos anima a aprovechar nuestra energía positiva, a tomar la iniciativa, a confiar en nuestra creatividad y a estar abierto a las oportunidades que se nos presenten.

Si la Sota de Bastos aparece invertida puede referirse a un colega que trata de manipularnos y sacar provecho de nosotros. Es alguien en quien no se puede confiar, porque es muy irresponsable. Puede que debido a esta persona suframos una amarga decepción. También indica inestabilidad en el campo laboral y nos urge a tratar de mantenernos organizados y dedicados a nuestro trabajo. No nos dejemos desequilibrar por nuestros impulsos.

Caballero de Bastos

SIGNIFICADO ADIVINATORIO
Partida. Protector impetuoso, apasionado y generoso, pero también brutal e impredecible. Viaje hacia lo desconocido, abridor de nuevos caminos, emigración, mudanza, abandono, precipitación.

INVERTIDA
Celoso y conflictivo, brutal. Separación, discordia, discusión, noticias perturbadoras. Falta de energía, estancamiento. Pensar sólo en los propios deseos, sin tener planes a largo plazo. Ceder a la tentación.

El Caballero de Bastos representa la acción, el impulso y la búsqueda de nuevos emprendimientos en el ámbito laboral. Cuando aparece en una lectura relacionada con el trabajo, esta carta puede tener varias interpretaciones relevantes:

Ambición y determinación: El Caballero de Bastos indica un enfoque ambicioso y decidido en nuestro trabajo. Puede representar nuestro deseo de alcanzar metas profesionales y avanzar en nuestra carrera profesional. Esta carta nos insta a perseguir nuestros objetivos con pasión y determinación, sin tener miedo de tomar riesgos calculados para lograr el éxito.

Iniciativa y liderazgo: El Caballero de Bastos también representa la iniciativa y el liderazgo en el entorno laboral. Puede indicar que tenemos la capacidad de tomar decisiones audaces y guiar a otros en el ámbito profesional.

Exploración de nuevas oportunidades: El Caballero de Bastos también puede indicar la búsqueda de nuevas oportunidades y experiencias en nuestra carrera. Puede representar nuestro deseo de explorar diferentes áreas laborales, emprender proyectos desafiantes o incluso cambiar de trabajo, buscando nuevas perspectivas incluso en el extranjero. Esta carta nos invita a estar abierto a las oportunidades que se nos presenten y a aprovechar aquellas que nos brinden crecimiento y satisfacción profesional.

Pasión y entusiasmo: El Caballero de Bastos también representa la pasión y el entusiasmo en el trabajo. Puede indicar que estamos involucrado en proyectos que nos apasionan y nos motivan. Esta carta nos anima a mantener esa pasión y entusiasmo, ya que nos ayudarán a superar los desafíos que encontremos en nuestra carrera y a obtener resultados exitosos.

Adaptabilidad y resolución de problemas: El Caballero de Bastos también indica que tenemos la capacidad de adaptarnos a situaciones cambiantes y resolver problemas en el ámbito laboral. Sugiere que tenemos la flexibilidad necesaria para enfrentar desafíos y encontrar soluciones efectivas. Esta carta nos invita a confiar en nuestra intuición y a utilizar nuestras habilidades para superar obstáculos en nuestro trabajo.

En resumen, el Caballero de Bastos representa la acción y la apertura de nuevos caminos en el ámbito laboral. Nos anima a perseguir nuestras metas con ambición y determinación, a tomar la iniciativa y a estar abierto a nuevas oportunidades. Si bien esta carta es alentadora, también es importante evaluar cuidadosamente nuestras decisiones y evitar las acciones precipitadas.

Si aparece invertido, el Caballero de Bastos indica conflicto y estancamiento. Caracteriza a un período en el perdemos el foco en nuestras metas a largo plazo y solo buscamos lo que nos da satisfacción inmediata, lo que no favorecerá para nada el progreso de nuestra carrera profesional. También puede referirse una persona que nos trae problemas, e interfiere con nuestra vida laboral.

Reina de Bastos

Significado adivinatorio
Amable pero estricta; enérgica y calma; conservadora, ahorrativa y pragmática. Fructífera de mente y cuerpo. Amante de la naturaleza y el hogar. Sabe como conseguir lo que quiere. Hablar suavemente, pero llevar un gran garrote. Figura femenina poderosa.

Invertida
Dominante, intimidante, celosa, dogmática, prepotente e irracional. Rápida para ofenderse, vengativa. Infiel (si El Mago [invertido], El Ermitaño [invertido] o el Siete de Espadas estuvieran junto a esta carta, eso confirmaría la infidelidad). Oposición, obstáculo, amenaza.

La Reina de Bastos representa la energía y el poder femenino, actuando con fuerza y pasión en el ámbito laboral. Tradicionalmente la Reina de Bastos se asocia con una mujer conservadora y estricta que vive en contacto con la naturaleza, y que pese a la fortaleza de su carácter también es amable. Si por algún motivo nos enemistamos con ella, veremos su aspecto intimidante, porque no es alguien a quien podamos molestar impunemente.

Cuando aparece en una lectura relacionada con el trabajo, esta carta puede tener varias interpretaciones relevantes:

Liderazgo y autoridad: La Reina de Bastos representa el liderazgo y la autoridad en el entorno laboral. Puede indicar que tenemos la capacidad de tomar decisiones sólidas y de influir positivamente en nuestro trabajo. También puede indicar una figura femenina de autoridad, estricta, pero justa que rige nuestro ámbito laboral.

Pasión y creatividad: La Reina de Bastos también representa la pasión y la creatividad en el trabajo. Puede indicar que nos dedicamos a proyectos que nos apasionan y que nos permiten expresar nuestra creatividad.

Confianza y seguridad: La Reina de Bastos simboliza la confianza en nosotros mismos. Puede indicar que sabemos que nuestras habilidades y nuestra capacidad pueden enfrentar los desafíos que encontremos en el trabajo. Esta carta nos invita a confiar en nuestra voz interior y a creer en nosotros mismos, lo cual nos permitirá tomar decisiones sólidas y defender nuestras ideas en el entorno laboral.

Empoderamiento y autonomía: La Reina de Bastos indica que tenemos acceso a los recursos que necesitamos y un buen grado de autonomía en nuestro trabajo. También puede indicar que tenemos la capacidad de tomar decisiones independientes y de seguir nuestro propio camino profesional.

En resumen, la Reina de Bastos representa la energía y fortaleza femenina, la confianza y la pasión en el ámbito laboral. Nos anima a liderar con autoridad, a seguir nuestra pasión y a confiar en nuestras habilidades y en nuestra intuición.

Cuando aparece invertida, la Reina de Bastos se vuelve muy prepotente e intolerante, pudiendo llegar a la paranoia. Es una jefa con la que es muy difícil tratar y alguien en quien no se puede confiar.

Rey de Bastos

Significado adivinatorio
Hombre atrevido, apresurado y generoso. Apasionado, fuerte y orgulloso. Un jefe exigente, severo, pero bien intencionado. Puede ser un caballero del campo, generalmente casado, tradicionalista y paternal; es emprendedor, sabe lo que quiere y se ocupa de obtenerlo. Un buen matrimonio.

Invertida
Despótico, severo, dogmático, arrogante, intolerante, ideas excesivas y exageradas. Autócrata, asceta. Puede ser cruel.

El Rey de Bastos representa el liderazgo, la ambición y la pasión en el ámbito laboral. Esta carta simboliza a un hombre muy apasionado y enérgico, con una personalidad firme y carismática, es un líder nato, un hombre maduro que es muy protector y leal, pero también puede llegar a ser un poco dominante y arrogante en su comportamiento.

Cuando aparece en una lectura relacionada con el trabajo, el Rey de Bastos puede tener varias interpretaciones relevantes:

Liderazgo y autoridad: El Rey de Bastos simboliza el liderazgo y la autoridad en el entorno laboral. Puede indicar que tenemos la capacidad de tomar decisiones sólidas y de guiar a otros de manera efectiva. Esta carta nos anima a asumir un papel de liderazgo y a utilizar nuestras habilidades de manera estratégica para lograr el éxito en nuestra carrera. Por supuesto, esta carta también puede representar a uno de nuestros jefes, alguien estricto, pero justo.

Ambición y determinación: El Rey de Bastos también representa la ambición y la determinación en el trabajo. Puede indicar que tenemos una gran motivación para alcanzar nuestras metas profesionales y que estamos dispuestos a poner el esfuerzo necesario para lograrlo. Esta carta nos anima a mantener nuestra determinación y a trabajar arduamente para lograr el éxito que deseamos.

Sentido común y carisma: El Rey de Bastos indica que somos realistas y sabemos bien como manejar nuestro negocio. Sabemos lo que queremos y como conseguirlo, y nuestra habilidad y firmeza hace que nuestros subordinados confíen en nosotros y sigan nuestro liderazgo.

Seguridad y confianza: El Rey de Bastos simboliza la seguridad y la confianza en nosotros mismos en el trabajo. Puede indicar que estamos

ROY·DE·BASTOS

muy seguros de nuestras habilidades y nuestra capacidad para enfrentar cualquier desafío laboral que se presente.

En resumen, el Rey de Bastos representa el liderazgo, la ambición y la pasión en el ámbito laboral. Nos anima a asumir un papel de liderazgo, a ser ambiciosos en nuestras metas y a confiar en nuestra creatividad e innovación.

Si el Rey de Bastos aparece invertido, se vuelve muy dogmático y excesivamente estricto. Puede convertirse en un fanático, que sigue sus ideales a cualquier precio y que les exige a los demás que obedezcan las mismas reglas estrictas a las que él se sujeta, llegando a la crueldad para imponer su visión del mundo.

Los Arcanos Menores:
Copas

As de Copas

SIGNIFICADO ADIVINATORIO
Armonía, felicidad, placer, satisfacción, restitución de la salud, nutrición, abundancia. Tus deseos se cumplirán. Inicio de un gran amor. Fertilidad.

INVERTIDA
Insatisfacción. Falso amor, inconstancia, inestabilidad, trastornos, fin de un sentimiento, infidelidad. Bloqueo emocional, incapacidad de reconocer el amor o expresarlo. Estancamiento. Carencia emocional y/o espiritual. Infertilidad.

El As de Copas representa un renacimiento emocional y una oportunidad de crecimiento en el ámbito laboral. Aunque esta carta está más asociada con el ámbito de las emociones y las relaciones personales que el trabajo, también puede tener implicaciones relevantes para el trabajo. Estas son algunas posibles interpretaciones:

Nueva oportunidad laboral: El As de Copas puede indicar una nueva oportunidad laboral o la llegada de una oferta prometedora. Puede ser un indicio de un nuevo proyecto, una colaboración interesante o incluso un cambio de trabajo. Esta carta nos anima a estar abiertos y receptivos a las nuevas oportunidades que se presenten en nuestro ámbito laboral.

Inspiración y motivación: El As de Copas también simboliza la inspiración y la motivación en el trabajo. Puede indicar que estamos conectados con nuestras emociones y que encontramos satisfacción en lo que hacemos. Esta carta nos anima a seguir nuestra intuición y desarrollar proyectos que nos inspiren y nos motiven en el ámbito laboral.

Creatividad y enfoque en las relaciones humanas: El As de Copas puede indicar un enfoque en las relaciones humanas en el campo profesional y la importancia de la colaboración y la comunicación efectiva. Puede ser un recordatorio de que la armonía entre los personas y el trabajo en equipo son fundamentales para alcanzar el éxito en el trabajo. Esta carta nos anima a cultivar relaciones laborales positivas y a utilizar nuestra creatividad y sensibilidad para establecer conexiones significativas en nuestro entorno laboral.

Bienestar emocional en el trabajo: El As de Copas también puede indicar un equilibrio emocional y un sentido de satisfacción en nuestro trabajo. Puede ser un indicio de que estamos en un entorno laboral saludable

que satisface nuestras necesidades emocionales. Esta carta nos anima a prestar atención a nuestro bienestar emocional en el trabajo y a buscar un equilibrio entre nuestras responsabilidades laborales y nuestra vida personal.

En resumen, el As de Copas representa un nuevo comienzo emocional y la oportunidad de progreso en el ámbito laboral. Nos invita a estar abiertos a las nuevas oportunidades, a seguir nuestra intuición y a cultivar relaciones laborales positivas.

Si aparece invertido, el As de Copas indica que estamos bloqueados emocionalmente y no podemos comunicarnos bien con otras personas, lo que dificulta nuestras relaciones laborales y evita que nuestra carrera profesional progrese. También sugiere que lo que hacemos no nos satisface y nuestro trabajo es improductivo.

Dos de Copas

Significado adivinatorio
Amor, armonía, cálida amistad, cooperación. Relación estrecha con un alma gemela. Buena carta para los negocios y el amor.

Invertida
Desacuerdos, oposición, amor falso o insatisfactorio, desilusión, malentendidos, descuido, libertinaje, disipación, celos. Crisis en una relación de pareja.

El Dos de Copas indica un excelente momento para el trabajo en equipo, la colaboración y las asociaciones en el ámbito laboral. Esta carta tiene una fuerte connotación emocional, e indica una relación estrecha y productiva en el entorno de trabajo. Estas son algunas posibles interpretaciones del Dos de Copas en relación al trabajo:

Asociaciones y colaboración estrecha: El Dos de Copas nos sugiere que estamos en un buen momento para asociarnos con alguien en quien confiamos para desarrollar algún proyecto; asimismo enfatiza la importancia de la colaboración y el trabajo en equipo en el ámbito laboral. Nos aconseja establecer alianzas estratégicas o formar equipos de trabajo efectivos, y a buscar socios o colegas con los que podamos tener una conexión armoniosa y fructífera, lo que puede generar resultados positivos en nuestro ámbito profesional.

Negociaciones y acuerdos: El Dos de Copas también sugiere negociaciones y acuerdos en el entorno laboral. Puede indicar que se presentarán oportunidades para llegar a acuerdos beneficiosos, ya sea en la firma de contratos, alianzas comerciales o acuerdos de colaboración. Es un buen momento para buscar el beneficio mutuo en las negociaciones laborales.

Relaciones laborales positivas: El Dos de Copas representa relaciones laborales positivas y armoniosas. Puede indicar que nos llevamos bien con nuestros compañeros de trabajo o que existe un ambiente amigable en nuestro entorno laboral.

En resumen, el Dos de Copas representa la colaboración estrecha y las asociaciones en el ámbito laboral. Nos invita a fomentar relaciones laborales positivas, a trabajar en equipo y a aprovechar el apoyo y la colaboración de nuestros compañeros de trabajo y/o socios.

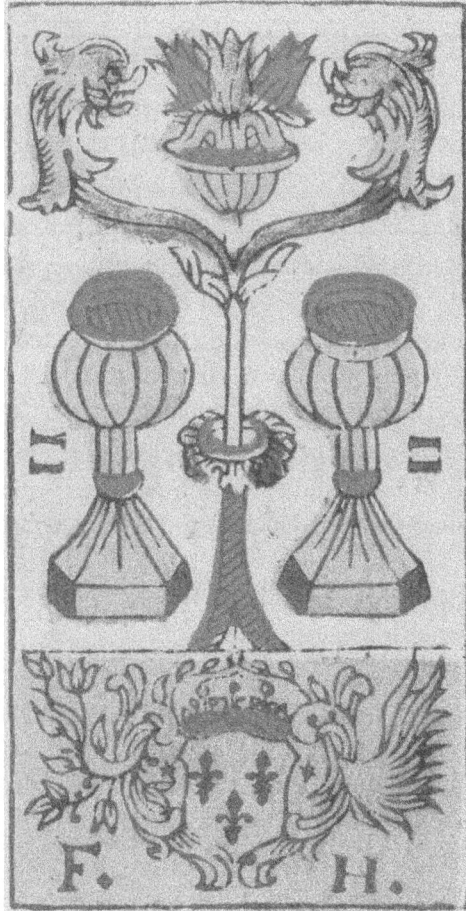

Si el Dos de Copas aparece invertido, sugiere desacuerdos y malentendidos que no nos permitirán cooperar efectivamente en el ámbito laboral y bloquearán nuestros proyectos. También puede indicar una crisis en nuestra relación con otras personas en el ámbito laboral, que deberemos resolver antes de poder seguir adelante en nuestra carrera profesional.

Tres de Copas

SIGNIFICADO ADIVINATORIO
Abundancia. Gozo, hospitalidad, éxito. Compartir las buenas cosas de la vida. Procreación, adopción. Feliz resultado.

INVERTIDA
Excesos en el comer, el beber o la sensualidad. Pasión desenfrenada. Sexo sin amor. Discordia o alejamiento entre amigos. Una alianza estrecha entre dos personas descarta a un tercero. Problemas en las relaciones entre padres e hijos.

El Tres de Copas representa celebración, colaboración y trabajo en equipo en el ámbito laboral. Esta carta es una señal de armonía y cooperación entre colegas y puede tener varias interpretaciones relevantes para el trabajo. A continuación veremos algunas posibles interpretaciones del Tres de Copas en relación al trabajo:

Celebración de logros: El Tres de Copas indica la celebración de logros y éxitos en el trabajo. Puede indicar que hemos alcanzado metas importantes o que nuestro equipo ha obtenido resultados destacados. Esta carta nos anima a reconocer y celebrar los logros obtenidos, lo cual fortalecerá los vínculos entre los miembros de nuestro equipo y creará un ambiente positivo en el lugar de trabajo.

Colaboración y trabajo en equipo: El Tres de Copas representa la colaboración y el trabajo en equipo. Puede indicar que estamos trabajando en un entorno donde la cooperación y la sinergia entre los miembros del equipo son fundamentales. Esta carta nos enseña a aprovechar las fortalezas individuales de nuestros colegas y a trabajar juntos para alcanzar objetivos comunes.

Celebración de eventos sociales: El Tres de Copas también está asociado con la celebración de eventos sociales y encuentros laborales. Puede indicar que se presentarán oportunidades para participar en eventos, fiestas o reuniones sociales relacionadas con el trabajo, que nos permitirán conocer a nuevas personas. Esta carta nos insta a aprovechar estos eventos para establecer contactos y fortalecer nuestras relaciones laborales.

Ambiente laboral positivo: El Tres de Copas sugiere un ambiente laboral positivo y armonioso. Puede indicar que nos sentimos cómodos y apoyados en nuestro lugar de trabajo, lo que contribuye a nuestro bienestar

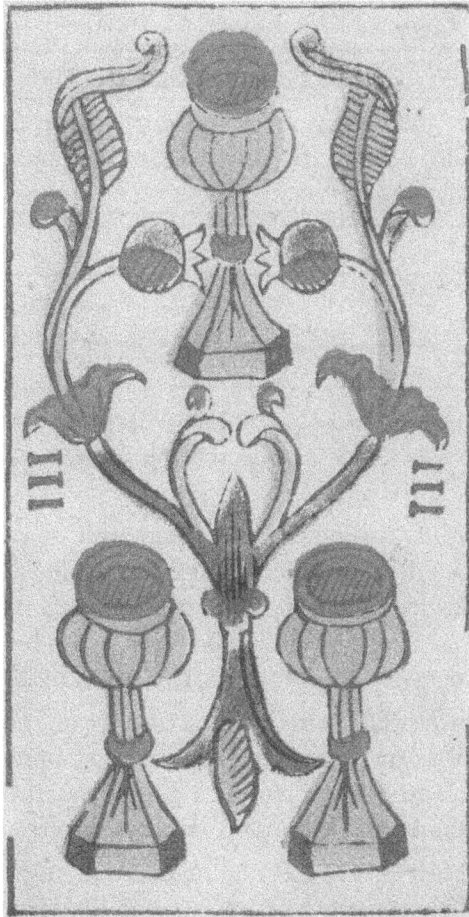

y satisfacción laboral. Esta carta nos anima a mantener una actitud colaborativa y a contribuir al ambiente positivo en el trabajo.

En resumen, el Tres de Copas representa la celebración de los logros obtenidos, la cooperación fructífera y el trabajo en equipo en el ámbito laboral. Nos invita a reconocer y celebrar los logros obtenidos, a colaborar con nuestros colegas, a aprovechar los eventos sociales relacionados con el trabajo y a contribuir a un ambiente laboral positivo.

En caso de aparecer invertido, el Tres de Copas indica que los excesos provocarán discordias en el ámbito laboral. Es posible que se formen pequeños grupos con su propia agenda, que trabajarán secretamente para su propio beneficio, marginando a quienes no formen parte de esa camarilla. Todo esto originará desconfianza y conflictos y envenenará el ambiente laboral.

Cuatro de Copas

SIGNIFICADO ADIVINATORIO
Tedio, desgano, indolencia, aburrimiento. Período estacionario de la vida. Amabilidad de los demás. Rechazo o incapacidad de ver las oportunidades. Incomunicación, introversión extrema.

INVERTIDA
Despertar de un período de insatisfacción o contemplación. Nuevas relaciones son posibles. Nuevas metas, nueva ambición, nuevo conocimiento. Presagio.

El Cuatro de Copas indica aburrimiento, desgano e insatisfacción .A continuación, presentamos algunas posibles interpretaciones de esta carta en relación al trabajo:

Estancamiento o falta de motivación: El Cuatro de Copas indica nos sentimos estancados y desganados en nuestro trabajo. Puede ser un indicio de que hemos perdido el interés en nuestras responsabilidades laborales o que sentimos que llegamos a un punto muerto, donde no vemos oportunidades de progreso.

Resistencia al cambio: El Cuatro de Copas sugiere que no estamos viendo con claridad las oportunidades que tenemos, porque no estamos dispuestos a hacer esfuerzo alguno para mejorar, nuestro desánimo nos ciega a las oportunidades que se presentan en nuestro ámbito laboral.

Comunicación y colaboración: El Cuatro de Copas indica que hay gente que se interesa en nosotros y quiere ayudarnos, está en nosotros aceptar su ayuda. Para superar nuestro aislamiento y desánimo tenemos que aceptar la ayuda que nos ofrecen, no seamos desconfiados y colaboremos con quienes quieran ayudarnos.

Reflexión y evaluación de nuestras metas: El Cuatro de Copas nos invita a reflexionar sobre nuestras metas y objetivos laborales. Puede que nuestro desánimo se deba a que nuestras ambiciones no son realistas, y debamos ajustar nuestras expectativas y aceptar las opciones reales que tenemos en el campo laboral. Esta carta nos anima a explorar nuevas alternativas y a considerar qué cambios o ajustes podemos hacer para encontrar mayor satisfacción y propósito en nuestro trabajo.

Necesidad de buscar inspiración: El Cuatro de Copas sugiere que es importante buscar inspiración en nuestro trabajo. Puede ser un indicio de que necesitamos encontrar nuevas fuentes de motivación y creatividad en nuestro entorno laboral. Esta carta nos anima a explorar actividades o prácticas que nos inspiren, como cursos de formación, participación en grupos de networking o proyectos creativos dentro de nuestro campo laboral.

Resumiendo, el Cuatro de Copas sugiere que nos encontramos en un estado de descontento o aburrimiento en nuestro trabajo. Esta carta nos invita a reflexionar sobre nuestra situación actual, explorar nuevas posibilidades, ajustar nuestras expectativas a la realidad y aceptar la ayuda que nos ofrezcan.

Si está invertido, el Cuatro de Copas promete que despertaremos de nuestro letargo. Posiblemente suceda algo inusual que nos sacará de nuestra modorra, nos inspirará con nuevas metas y nos motivará en el ámbito laboral. También indica nuevas relaciones, lo cual sugiere que finalmente aceptaremos la ayuda que nos ofrece gente bien intencionada para poder renovar nuestra carrera profesional.

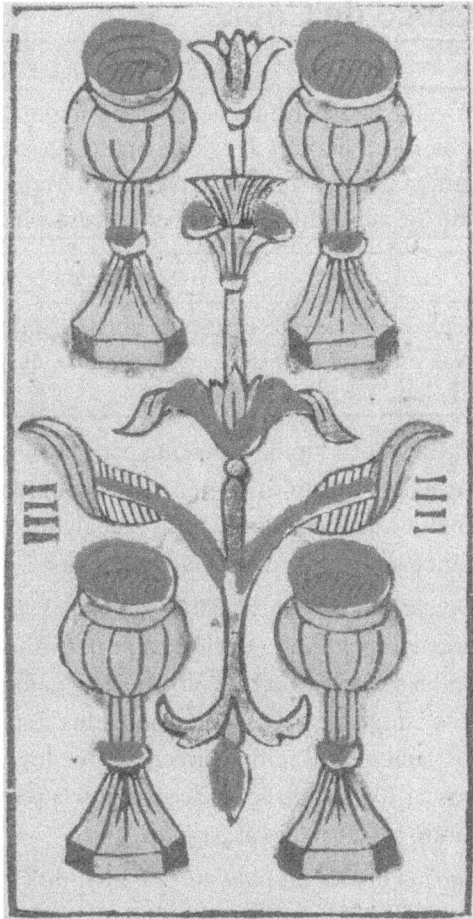

Cinco de Copas

SIGNIFICADO ADIVINATORIO
Desilusión, pérdida, decepción, desgracia inesperada, falsos proyectos, imperfección. Duelo, lamento. Ruptura de una relación, unión sin amor, con amargura y frustración. Traición de parte de un ser querido. Remordimientos, dificultad para superar el pasado.

INVERTIDA
Felicidad nueva. Regreso de un viejo amor o un amigo. Alianza. Nuevas esperanzas, nuevas perspectivas después de superar un período de luto o lamento.

El Cinco de Copas representa pérdida, decepción y amargura. Esta carta sugiere que podemos enfrentar momentos de desilusión o dificultades en nuestro trabajo. Estas son algunas posibles interpretaciones del Cinco de Copas en relación al trabajo:

Decepción laboral: El Cinco de Copas sugiere que experimentaremos una decepción en relación con nuestro trabajo. Quizás algún proyecto no ha salido como esperábamos, alguien nos ha decepcionado o nuestros esfuerzos no fueron reconocidos. Esta carta nos anima a dejar atrás los lamentos y remordimientos por los posibles errores cometidos y buscar formas de aprender y crecer a partir de estas experiencias, mirando al futuro, no al pasado.

Superación de obstáculos: El Cinco de Copas nos recuerda que, a pesar de los obstáculos y las dificultades en el trabajo, tenemos la capacidad de superarlos y encontrar soluciones, no todo está perdido, solo tuvimos un traspié en el camino. Puede ser un indicio de que estamos pasando por un período de prueba y que enfrentaremos desafíos en nuestro carrera profesional. Esta carta nos anima a mantenernos resilientes y a buscar enfoques creativos para superar las dificultades que se presenten.

Aprendizaje y crecimiento: El Cinco de Copas también puede indicar la necesidad de buscar oportunidades de aprendizaje y crecimiento en nuestro trabajo. Demos por perdido lo que ya no tenemos y dediquemos nuestra energía a adquirir nuevas habilidades, buscar capacitación adicional o explorar proyectos que nos desafíen y nos permitan desarrollarnos profesionalmente.

Explorar nuevas perspectivas: El Cinco de Copas nos invita a explorar nuevas perspectivas en nuestro trabajo. Puede ser un indicio de que necesitamos ampliar nuestra visión y considerar diferentes enfoques o soluciones. Si no vemos ninguna salida, quizás sea porque no estamos mirando en la dirección debida, salgamos de nuestra zona de confort y busquemos nuevas formas de abordar los desafíos laborales.

En general, el Cinco de Copas representa una crisis en nuestro ámbito laboral, provocada por un proyecto que fracasó, por carencia de soporte o por la traición de un colega. Pero las crisis nos ofrecen desafíos, a los que debemos responder con determinación, dejando atrás las lamentaciones y el pasado.

Si se encuentra invertida, esta carta nos promete que superaremos los problemas y dejaremos atrás nuestros sentimientos de amargura. Para eso contaremos con la ayuda de un amigo que volverá para darnos una mano. Tendremos nuevas perspectivas laborales, nuevos proyectos y alianzas, que nos permitirán superar el mal trance.

Seis de Copas

SIGNIFICADO ADIVINATORIO
Influencias del pasado, amor, recuerdos; amistad, felicidad u oportunidad que viene del pasado. Herencia. Dinero a través del matrimonio o socios.

INVERTIDA
Vivir demasiado en el pasado. Asociados o amigos que no valen nada. Planes o expectativas inciertas, incapacidad de adaptarse a los cambios. Malos hábitos que arrastramos del pasado.

El Seis de Copas representa nostalgia, lazos con el pasado, pero también nuevas oportunidades que una influencia del pasado nos ofrece. En el ámbito del trabajo, esta carta puede tener varias interpretaciones relevantes:

Reconexión con antiguos colegas: El Seis de Copas sugiere la posibilidad de reencontrarnos con antiguos colegas o compañeros de trabajo. Puede ser un indicio de que alguien reaparecerá en nuestra vida o que tendremos la oportunidad de colaborar nuevamente con personas con las que trabajamos en el pasado. Esta carta nos anima a mantener una actitud abierta y receptiva a estas conexiones, ya que pueden aportar nuevas perspectivas y oportunidades a nuestra carrera profesional.

Valoración de la experiencia pasada: El Seis de Copas nos invita a valorar las experiencias del pasado en nuestro trabajo. Puede ser un recordatorio de la importancia de nuestras experiencias previas y de cómo estas han contribuido a nuestro desarrollo profesional. Esta carta nos anima a reflexionar sobre las lecciones aprendidas en el pasado y a aplicar ese conocimiento a nuestro trabajo actual.

Fomento de relaciones laborales positivas: El Seis de Copas sugiere la importancia de fomentar relaciones laborales positivas y armoniosas. Puede indicar que el trabajo en equipo y la colaboración son elementos clave para nuestro éxito profesional. Esta carta nos anima a cultivar relaciones laborales basadas en la confianza, el apoyo mutuo y la camaradería.

En resumen, el Seis de Copas se refiere a influencias positivas que vienen del pasado. Señala que el conocimiento y las relaciones que tuvimos en el pasado pueden volver a estar en vigencia y permitirnos progresar en nuestra carrera laboral. Para aprovechar las oportunidades que el Seis

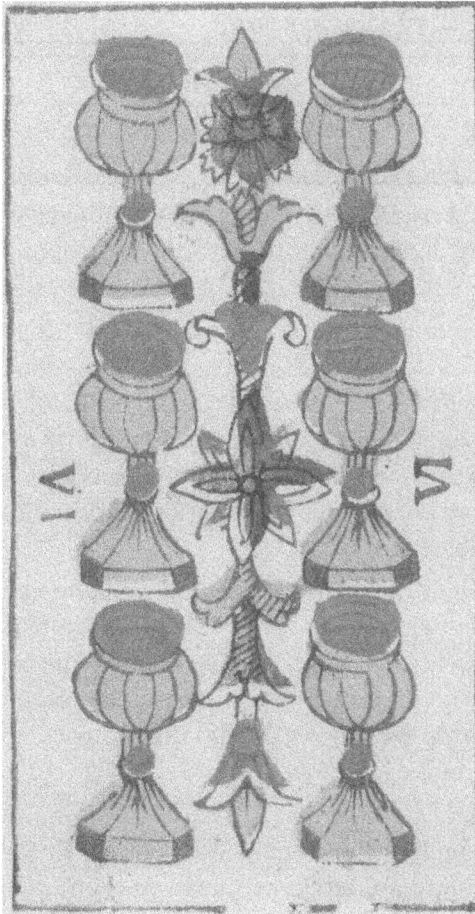

de Copas presagia es importante que estemos abiertos a los cambios y dispuestos a asociarnos y colaborar activamente con otras personas.

Si aparece invertido, el Seis de Copas indica que estamos limitados por nuestro pasado, que en lugar de adaptarnos a los desafíos laborales del presente nos limitamos a nosotros mismos perpetuando malos hábitos que arrastramos del pasado. También nos advierte contra asociados o amigos que más que ayudarnos son un lastre para nosotros.

Siete de Copas

SIGNIFICADO ADIVINATORIO
Sueños ilusorios, expectativas necias, decepción, promesas incumplidas. Intoxicación, corrupción. Pasividad, no tomamos acción alguna para volver reales nuestras fantasías.

INVERTIDA
Determinación, deseo, proyecto, elección inteligente. Abrir los ojos, recuperar el sentido común.

El Siete de Copas representa la ilusión, los sueños vanos y la búsqueda de opciones en el ámbito laboral. Estas son algunas posibles interpretaciones del Siete de Copas en relación al trabajo:

Fantasías y expectativas poco realistas: El Siete de Copas nos advierte sobre la necesidad de mantener los pies en la tierra y no dejarnos llevar por ilusiones o promesas poco serias que nos hayan hecho en el ámbito laboral. Puede ser un recordatorio de que no todas las opciones son viables o adecuadas para nosotros en este momento. Esta carta nos invita a analizar detenidamente cada opción y a tomar decisiones basadas en información concreta y realista.

Claridad y enfoque: El Siete de Copas sugiere la importancia de tener claridad y enfoque en nuestras metas y objetivos laborales. Puede ser un indicio de que debemos definir con precisión lo que realmente deseamos lograr en nuestra carrera y concentrarnos en esas metas. Esta carta nos anima a no dispersarnos y a dirigir nuestra atención hacia objetivos realistas y alcanzables.

Diversas oportunidades laborales: El Siete de Copas indica que aparentemente tenemos múltiples oportunidades laborales. Puede ser un indicio de que nos encontramos en un momento en el que podemos explorar diferentes caminos y opciones en nuestra carrera. Esta carta nos anima a considerar cada opción de manera realista y objetiva, evaluando los pros y los contras antes de tomar una decisión. Pero no debemos eternizarnos mientras contemplamos nuestras posibilidades, pongamos los pies en la tierra y elijamos aquella opción que más nos convenga en la práctica.

En resumen, el Siete de Copas describe un período en que las cosas no están claras en nuestro ámbito laboral. Posiblemente tengamos numerosas opciones o nos prometan cosas muy tentadoras, pero no nos

dejemos engañar, ni por las promesas, ni por nuestra ambición. Actuemos con sensatez y prudencia y verifiquemos las posibilidades de cada opción antes tomar partido por una de ella. Sin embargo, no tenemos mucho tiempo para elegir, no divaguemos y decidamos con sensatez y premura.

Cuando está invertida, esta carta indica que lograremos superar la indecisión y las fantasías y recuperaremos el sentido común. Es un buen momento para dar pasos concretos y poner en marcha los proyectos laborales que nos parezcan más adecuados.

Ocho de Copas

SIGNIFICADO ADIVINATORIO
Inestabilidad. Éxito o relación abandonada, quizás en pos de algo más alto. Vagabundeo. Desengaño amoroso, cambios en la familia.

INVERTIDA
Alegría, felicidad. Un nuevo amor o un nuevo interés en las cosas materiales, dejar nuestros intereses espirituales postergados.

El Ocho de Copas indica inestabilidad laboral, posiblemente abandonemos nuestro trabajo o negocio en búsqueda de nuevos horizontes, o quizás preferamos concentrarnos en nuestro crecimiento personal. Estas son algunas posibles interpretaciones de esta carta en relación al trabajo:

Dejar atrás una situación insatisfactoria: El Ocho de Copas sugiere que estamos considerando abandonar una situación laboral que nos resulta insatisfactoria. Puede ser un trabajo que nos causa estrés, nos hace sentir estancados, nos ha desilusionado, o que simplemente no es compatible con nuestras aspiraciones y metas. Esta carta nos anima a escuchar nuestra intuición y a tomar la decisión de alejarnos de aquello que ya no nos satisface.

Búsqueda de realización personal: El Ocho de Copas indica que estamos buscando una mayor realización personal en nuestra vida. Puede ser un indicio de que sentimos que nuestro trabajo actual no nos brinda la satisfacción y las posibilidades que anhelamos. Quizás busquemos otras opciones laborales o nos replanteemos un nuevo balance de nuestro trabajo con nuestra vida y desarrollo espiritual, poniendo las cosas materiales en un segundo plano. Esta carta nos invita a reflexionar sobre nuestras verdaderas motivaciones y a considerar oportunidades laborales que estén más alineadas con nuestros objetivos y valores.

Explorar nuevas oportunidades: El Ocho de Copas sugiere que este puede ser el momento adecuado para explorar nuevas oportunidades laborales. Puede ser un indicio de que hay opciones interesantes y desafiantes esperándonos. Esta carta nos invita a buscar un nuevo camino y estar dispuesto a tomar riesgos para alcanzar un mayor crecimiento y satisfacción en nuestra carrera.

Autoconocimiento y crecimiento personal: El Ocho de Copas también nos anima a embarcarnos en un viaje de autoconocimiento y crecimiento personal en relación con nuestro trabajo. Puede ser un momento propicio para reflexionar sobre nuestras pasiones, talentos y metas profesionales. Esta carta nos invita a explorar nuestros deseos más profundos y a tomar acciones que nos acerquen a una carrera que nos ofrezca mayor realización.

Resumiendo, el Ocho de Copas indica grandes cambios en nuestra vida, tanto en el área laboral como en nuestra perspectiva vital. Para poder desarrollarnos y crecer, en todos los ámbitos, no sólo el laboral, debemos estar dispuestos a abandonar las estructuras que ya no nos sirven, sino que nos limitan, y buscar un nuevo camino hacia la realización, aunque eso signifique poner las cosas materiales en segundo lugar.

Si está invertida, esta carta nos promete realización y un renovado interés en nuestra vida laboral. Posiblemente comencemos un nuevo proyecto u obtengamos un nuevo empleo que nos llena de entusiasmo. Describe un período en el que nos interesamos más por las cosas materiales que las espirituales.

Nueve de Copas

SIGNIFICADO ADIVINATORIO
Usted conseguirá lo que anhela. Victoria. Plenitud material completa. Felicidad, concordia. Bienestar físico.

INVERTIDA
Insatisfacción. Errores, complacencia, vanidad, inseguridad, pérdidas, disputas, imperfecciones, excesos de comida y/o bebida, excesiva indulgencia. No obtendrá lo que anhela.

El Nueve de Copas representa la satisfacción, el éxito y la consecución de lo que buscamos, por eso a esta carta la llaman "la carta del deseo". Estas son algunas posibles interpretaciones del Nueve de Copas en relación al trabajo:

Satisfacción en el trabajo: El Nueve de Copas indica que disfrutamos de nuestro trabajo actual y nos hace felices. Puede ser un indicio de que nos sentimos confortables con lo que hacemos y que disfrutamos de nuestras responsabilidades laborales.

Cumplimiento de metas profesionales: El Nueve de Copas también puede representar el cumplimiento de nuestras metas y objetivos profesionales. Puede ser un indicio de que hemos alcanzado hitos importantes en nuestra carrera y que nos sentimos orgullosos de nuestros logros.

Reconocimiento y recompensas: El Nueve de Copas sugiere que podemos recibir reconocimiento y recompensas por nuestro desempeño laboral. Puede ser un indicio de que otros valoran nuestro trabajo y que somos apreciados por nuestras contribuciones.

Equilibrio entre el trabajo y la vida personal: El Nueve de Copas también nos recuerda la importancia de mantener un equilibrio saludable entre el trabajo y nuestra vida personal. Puede ser un indicio de que hemos logrado armonizar nuestras responsabilidades laborales con nuestras necesidades personales. El Nueve de Copas nos invita a seguir cuidando de nosotros mismos y a mantener el equilibrio alcanzado para disfrutar plenamente tanto del trabajo como de nuestra vida personal.

En resumen, en el contexto laboral, el Nueve de Copas sugiere que estamos experimentando una etapa de éxito y gratificación en nuestro trabajo. También describe un período de armonía entre nuestro trabajo y nuestra vida personal, que nos llena de felicidad y nos hace sentir realizados.

Si está invertido, el Nueve de Copas nos dice que no obtendremos lo que buscamos y que nuestra felicidad y armonía se verán afectadas por excesos y disputas. No ofrece un pronóstico demasiado malo, pero tampoco bueno, en el campo laboral, sino más bien indica un período de complicaciones, en el que sufriremos pérdidas menores y tendremos algunos conflictos. Lo mejor que podemos hacer es tratar de restaurar la armonía, no seamos agresivos ni exijamos mucho a demás; conformémonos con lo que tenemos, sin caer en ningún exceso.

Diez de Copas

SIGNIFICADO ADIVINATORIO
Perfecto bienestar y amor, éxito perdurable, paz en el hogar, gran amistad, armonía. Predominio de los valores espirituales.

INVERTIDA
Seria disputa, violencia, riña en el hogar, traición, pérdida de una amistad. Libertinaje, abusos, infelicidad.

El Diez de Copas representa plenitud, felicidad y realización emocional. En el ámbito laboral, esta carta sugiere que podemos experimentar una gran satisfacción y armonía en nuestro trabajo. A continuación, presentamos algunas posibles interpretaciones de esta carta en relación al trabajo:

Ambiente laboral positivo: El Diez de Copas indica que disfrutamos de un entorno laboral positivo y satisfactorio. Puede ser un indicio de que tenemos buenas relaciones con nuestros colegas, nos sentimos apreciados por nuestros superiores y estamos rodeados por un equipo de trabajo colaborativo. Esta carta nos invita a valorar y aprovechar las relaciones armoniosas que tenemos en nuestro entorno laboral.

Realización en el trabajo: El Diez de Copas también puede representar la realización y el éxito en nuestra carrera profesional. Puede ser un indicio de que hemos alcanzado nuestras metas y objetivos laborales, y que nos sentimos plenamente satisfechos con nuestros logros.

Equilibrio entre el trabajo y la vida personal: El Diez de Copas sugiere que hemos logrado encontrar un equilibrio saludable entre nuestro trabajo y nuestra vida personal. Puede ser un indicio de que nos sentimos cómodos con la forma en que administramos nuestro tiempo y energía, lo que nos permite disfrutar de ambos aspectos de nuestra vida. Esta carta nos invita a seguir priorizando nuestro bienestar y a mantener ese equilibrio en el futuro.

Gratitud y satisfacción: El Diez de Copas te recuerda la importancia de sentir gratitud por las bendiciones que hemos recibido en nuestro trabajo. Puede indicar que apreciamos las oportunidades laborales que se nos han presentado y que valoramos las experiencias positivas que hemos vivido en nuestra carrera.

Resumiendo, el Diez de Copas indica una situación armoniosa y confortable en el trabajo. Nuestra posición es estable y disfrutamos de bien-

estar material, pero además de plenitud material estamos bendecidos por una excelente relación con nuestros colegas, superiores y clientes.

Si se presenta invertido, el Diez de Copas representa un período de conflictos y disputas en lo laboral. Podemos llegar a experimentar pérdidas materiales como también ser traicionados por alguien en quien confiábamos.

Sota de Copas

SIGNIFICADO ADIVINATORIO
Tranquilo y estudioso; gentil, amable y soñador. Buen augurio, noticias o proposición, quizás de matrimonio, o el nacimiento de un niño/a. Incierto comienzo de una relación, intento de clarificar los propios sentimientos.

INVERTIDA
Seductor, diletante, poco serio, inútil e indolente. Noticias desagradables, la felicidad es elusiva. Adulación, engaño, artificio.

La Sota de Copas representa la juventud, la sensibilidad emocional y el deseo de aprender. En el contexto laboral, esta carta sugiere que podemos tener una nueva oportunidad o enfoque en nuestro trabajo. A continuación presentamos algunas posibles interpretaciones de esta carta en relación al trabajo:

Una oportunidad o proposición: La Sota de Copas puede indicar nuevas oportunidades o una proposición en el área laboral. Es posible que se presenten situaciones en las que podremos establecer conexiones significativas con nuestros colegas o clientes, lo que puede mejorar nuestro ambiente laboral y permitirnos colaborar constructivamente. La Sota de Copas nos invita a encarar las relaciones laborales con un enfoque abierto y sincero.

Desarrollo personal: La Sota de Copas sugiere que estamos en un momento de crecimiento personal en nuestro trabajo. Puede ser un indicio de que estamos explorando nuevas habilidades, adquiriendo conocimientos o desarrollando nuestros talentos en nuestra área laboral. Esta carta nos anima a seguir aprendiendo y creciendo en nuestro trabajo, ya que esto puede abrirnos puertas a oportunidades futuras.

Sensibilidad y empatía: La Sota de Copas también nos recuerda la importancia de ser sensibles y empáticos en nuestro entorno laboral. Puede ser un indicio de que nuestras habilidades emocionales y nuestra capacidad de comprensión están siendo valoradas en nuestro trabajo. Utilicemos nuestra intuición y empatía para establecer relaciones saludables y productivas en nuestro entorno laboral. Profesiones típicas de la Sota de Copas serían enfermero, asistente social o cualquier profesión que permita ayudar a los demás.

En resumen, la Sota de Copas sugiere un período de oportunidades laborales que podremos aprovechar si tenemos la sensibilidad y habilidad de hacer networking y establecer relaciones fructíferas que nos permitan avanzar en nuestra carrera profesional.

Si está invertida, la Sota de Copas indica falta de seriedad, puede ser que no estamos tomando con seriedad nuestro trabajo o que quizás estamos tratando con gente poco seria, que nos está engañando, adulándonos para sacar provechos de nosotros. No ofrece buenas perspectivas laborales ya que sugiere malas noticias y estancamiento.

Caballero de Copas

SIGNIFICADO ADIVINATORIO
Llegada de un hombre joven, quizás un artista, sincero y abierto, atractivo y romántico, soñador indolente, pero bien intencionado, de placeres sensuales. Puede significar un mensajero, una proposición o una invitación. Atracción, oportunidad.

INVERTIDA
Fraude, traición, engaño. Taimado y astuto, perezoso, sensual. Un Don Juan. Llegada de un anónimo, abuso de confianza, doble juego.

El Caballero de Copas representa intuición y creatividad. En el ámbito laboral, esta carta sugiere que podemos encontrar éxito y satisfacción al combinar nuestras habilidades artísticas con nuestros objetivos profesionales. A continuación presentamos algunas posibles interpretaciones del Caballero de Copas en relación al trabajo:

Creatividad y expresión artística: El Caballero de Copas puede representar la importancia de la libre expresión y la expresión artística en nuestro trabajo. Puede ser un indicio de que tenemos talentos o habilidades creativas que podemos utilizar en nuestra profesión. Esta carta nos invita a explorar nuevas formas de expresión en nuestro trabajo y a encontrar formas originales de abordar nuestras tareas y proyectos.

Nuevas noticias y emprendimientos: El Caballero de Copas indica la llegada de algo nuevo, o quizás de una persona que nos ofrecerá tomar parte en un emprendimiento, aunque también puede interpretarse a la inversa, y en ese caso seríamos nosotros quienes presentamos un proyecto creativo que puede ofrecer una gran oportunidad de progreso (si otras cartas lo confirman).

Intuición y toma de decisiones: El Caballero de Copas sugiere que confiemos en nuestra intuición y en nuestra sensibilidad emocional al tomar decisiones en nuestro trabajo. Puede ser un indicio de que tenemos la capacidad de comprender situaciones complejas y de tomar decisiones informadas basadas en nuestra intuición y percepciones. Esta carta nos anima a confiar en nuestras corazonadas y a escuchar nuestra voz interior al enfrentarnos a desafíos laborales.

Equilibrio entre el trabajo y las emociones: El Caballero de Copas también nos recuerda la importancia de encontrar un equilibrio saludable entre nuestro trabajo y nuestra vida emocional. Puede ser un indicio de

que debemos prestar aten-
ción a nuestras necesida-
des emocionales y buscar
formas de cuidarnos a no-
sotros mismos en nuestro
entorno laboral. Esta carta
nos anima a encontrar formas de equilibrar nuestra
vida laboral con nuestra
emociones para evitar el
agotamiento y promover
nuestro bienestar.

En síntesis, el Caballero
de Copas indica que ten-
dremos una oportunidad
de manifestarnos creativa-
mente y llevar a la práctica
nuestros sueños en el ám-
bito laboral. Si somos capaces de equilibrar bien las
necesidades prácticas de
nuestro trabajo con nues-
tra creatividad aprovecha-
remos bien la oportunidad
que se nos presenta.

Si aparece invertido, el Ca-
ballero de Copas nos previene contra el doble juego, no tomemos por
cierto todo lo que nos dicen, es posible que nos halaguen o nos ofrezcan
algo demasiado bueno para ser cierto. Protejamos nuestra privacidad,
no dejemos que otros conozcan datos de nuestra vida personal que después puedan usar para chantajearnos.

Reina de Copas

Significado adivinatorio
Soñadora, tranquila, poética, imaginativa, amable, pero no dispuesta a tomarse muchas molestias para ayudar a otro. Leal, devota, adorable esposa y/o madre. Boticaria, herbolaria, farmacéutica. Don de visión, adivinadora, guardiana de los secretos. Felicidad y placer.

Invertida
Mujer deshonesta, inmoral y viciosa. Seductora rompe-corazones, manipuladora. Indigna de confianza. Encerrarse en uno mismo, desconfianza, esconder las propias emociones; actuar con hostilidad, rechazando todo contacto emocional.

La Reina de Copas representa la compasión, la intuición y la capacidad de leer el corazón de las personas. A continuación, presentamos algunas posibles interpretaciones de esta carta en relación al trabajo:

Empatía y apoyo emocional: La Reina de Copas indica que tenemos una gran habilidad para comprender las emociones de los demás y sabemos como expresar soporte y afecto en la justa medida, sin complicarnos emocionalmente con la gente que ayudamos, lo que nos permite tener buenas relaciones con todo el mundo, mientras que al mismo tiempo guardamos la distancia necesaria para mantener nuestra privacidad. Estas cualidades nos hacen idóneos para puestos que requieran tratar con las personas y solucionar conflictos, lo cual nos permite crear un ambiente laboral positivo y de apoyo mutuo.

Liderazgo consciente: La Reina de Copas también puede representar un estilo de liderazgo basado en la sabiduría emocional y la comprensión de las necesidades de los demás. Puede ser un indicio de que tenemos la capacidad de liderar con sensibilidad y de motivar a nuestro equipo de trabajo utilizando nuestra empatía. Esta carta nos anima a utilizar nuestras habilidades de liderazgo para fomentar un entorno laboral armonioso y productivo.

Intuición y toma de decisiones informadas: La Reina de Copas nos insta a confiar en nuestra intuición y nuestra sabiduría emocional al tomar decisiones en nuestro trabajo. Puede ser un indicio de que tenemos una gran capacidad para evaluar situaciones complejas y tomar decisiones informadas basadas en nuestras percepciones emocionales.

Resumiendo, aunque la Reina de Copas tradicionalmente se asocia con las profesiones de boticaria, herbolaria o farmacéutica, estas asociaciones simplemente indican que ella es alguien que sabe como ofrecerle a cada persona lo que esta necesita para tener una vida sana. Ese conocimiento de las necesidades de cada uno, le da poder sobre los corazones de las personas. Si esta carta aparece en una tirada puede indicar que nos cruzamos con una mujer de estas características, o que nosotros mismos tenemos esas cualidades.

Si aparece invertida esta carta refleja a una persona que es una manipuladora nata, puede ser una seductora que intenta manipularnos y es completamente indigna de confianza o también puede tener implicancias psicológicas; puede que nos estemos aislando de los demás y dejando que la desconfianza arruine nuestras relaciones laborales; no escondamos nuestras emociones.

Rey de Copas

SIGNIFICADO ADIVINATORIO
Un hombre familiarizado con la ciencia, arte, religión o filosofía. Médico, psicólogo, profesor, hombre de dios. Un buen amigo, liberal, idealista y creativo. Amable y dispuesto a tomar alguna responsabilidad o brindar ayuda. Jefe de familia. Madurez emocional.

INVERTIDA
Malvado y despiadado. Indigno de confianza, mentiroso y vicioso. Doble juego. Cuidado con los engaños. Incapacidad de superar traumas pasados, visión negativa del mundo.

El Rey de Copas tradicionalmente se asocia con las profesiones de médico, psicólogo, profesor, alguien relacionado con las profesiones liberales, o incluso un pastor o sacerdote; es alguien con gran madurez emocional. A continuación presentamos algunas posibles interpretaciones de esta carta en relación al trabajo:

Liderazgo compasivo: El Rey de Copas indica que tenemos la capacidad de liderar desde el corazón y de mostrar compasión hacia la gente con la que tratamos. Podemos ser un líder que escucha, comprende y se preocupa por el bienestar emocional de los demás. Esta carta nos anima a utilizar nuestras habilidades de liderazgo para crear un ambiente laboral armonioso y motivador.

Sabiduría emocional: El Rey de Copas también representa la sabiduría y madurez emocional. Al entender nuestras propias emociones y las de los demás, podemos abordar los desafíos laborales con calma y empatía. Esta carta nos invita a confiar en nuestra intuición y en nuestra capacidad de tomar decisiones informadas basadas en las emociones y necesidades de las personas involucradas.

Orientación y apoyo: El Rey de Copas sugiere que podemos brindar orientación y apoyo emocional a las personas que necesitan nuestra ayuda. Podemos convertirnos en una figura de confianza a la que otros acuden en busca de consejo o consuelo en el entorno laboral. Esta carta nos anima a utilizar nuestras habilidades de escucha y empatía para ofrecer ayuda y apoyo a aquellos que lo necesiten.

Equilibrio entre el trabajo y las emociones: El Rey de Copas también nos recuerda la importancia de encontrar un equilibrio saludable entre el trabajo y las emociones. Esta carta nos invita a cuidarnos a nosotros

· ROY · DE · COVPE ·

mismos y a fomentar un equilibrio saludable entre nuestra responsabilidades laborales y nuestra vida personal y de familia.

En síntesis, el Rey de Copas es una carta que es muy positiva para las
relaciones humanas y promete estabilidad y armonía. Aunque no está
específicamente relacionada con el entorno laboral, las cualidades que
esta carta implica nos permitirán crear un ambiente laboral armónico
y productivo.

Si está invertida, esta carta es una advertencia para no dejarnos engañar
por gente que profesa estar de nuestro lado, mientras planea aprovecharse de nosotros para sacar ventaja. En lo psicológico también puede
indicar que no somos capaces de superar los traumas del pasado y nuestra visión pesimista del mundo no nos permite desarrollarnos profesionalmente ni vivir con felicidad.

Los Arcanos Menores: Oros[1]

---

1   En el Tarot RWS los Oros se denominan Pentáculos, en el Tarot Thot, se llaman Discos.

As de Oros

Significado adivinatorio
El dinero te sirve. El comienzo de la prosperidad y la riqueza. Logros, éxito. Perfecta satisfacción. Seguridad, bienestar material.

Invertida
El dinero te domina. Problemas con el dinero, inseguridad. Prosperidad sin felicidad, corrupción por el dinero. Avaricia. Ostentación.

El As de Oros representa oportunidades, riqueza y éxito en el ámbito financiero. En el contexto del trabajo, esta carta sugiere que se avecinan nuevas oportunidades y proyectos prósperos. A continuación, presentamos algunas posibles interpretaciones del As de Oros en relación al trabajo:

Nuevas oportunidades laborales: El As de Oros indica que podemos recibir una oferta de trabajo o una oportunidad laboral que tendrá un gran potencial para nuestro crecimiento y estabilidad económica. Puede ser el comienzo de un nuevo proyecto o una promoción que nos brindará mayores responsabilidades y recompensas financieras.

Éxito y prosperidad financiera: El As de Oros también representa el potencial de éxito y prosperidad en el ámbito financiero. Puede ser un indicio de que nuestras inversiones prosperarán o nuestro negocio progresa. En lo laboral sugiere que nuestros esfuerzos y habilidades en el trabajo serán recompensados con un aumento de salario, bonificaciones o beneficios económicos.

Estabilidad y seguridad laboral: El As de Oros sugiere que podemos experimentar una mayor estabilidad y seguridad en nuestro trabajo. Puede ser un indicio de que nuestros esfuerzos y dedicación consolidarán el progreso en nuestra carrera profesional. Esta carta nos anima a utilizar esta estabilidad para establecer bases sólidas en nuestra carrera y trabajar hacia metas a largo plazo.

Inversiones y proyectos financieros: El As de Oros también puede indicar la posibilidad de realizar inversiones o participar en proyectos financieros que pueden ser beneficiosos a largo plazo. Esta carta nos invita a considerar estrategias financieras inteligentes y a tomar decisiones informadas en relación con nuestro trabajo y nuestras finanzas.

En síntesis, el As de Oros es un indicador de progreso y prosperidad material. También significa consolidación de nuestra posición, tanto financiera como laboral. En general, indica bienestar y seguridad.

Si está invertido, el As de Oros sugiere que nuestra economía nos causa muchas inquietudes. Aunque nuestra situación laboral y económica es buena, posiblemente estemos sobre-extendidos. Puede que nuestra excesiva ambición y compromisos laborales y financieros nos causen estrés y preocupaciones. Quizás sería sensato relajarnos un poco y simplificar nuestra vida.

Dos de Oros

SIGNIFICADO ADIVINATORIO
Altibajos de la suerte y/o del ánimo. Alternación de ganancia y pérdida. Equilibrio en el medio del cambio. Habilidad para adaptarse a nuevas circunstancias. Algunas complicaciones. Ambivalencia, avanzar y retroceder.

INVERTIDA
Inseguridad. Dificultad para adaptarse a nuevas circunstancias. Incapacidad para llevar los proyectos a una conclusión exitosa.

El Dos de Oros indica adaptabilidad y gestión eficiente de los recursos. En el ámbito laboral, esta carta sugiere que es importante mantener un equilibrio entre diversas responsabilidades y tareas. A continuación, presentamos algunas posibles interpretaciones de esta carta en relación al trabajo:

Adaptabilidad y flexibilidad: El Dos de Oros sugiere que es importante que seamos flexibles y nos adaptemos a los cambios en nuestro entorno laboral. Pueden surgir algunas complicaciones, o quizás nuevas tareas, proyectos o circunstancias que requieran que ajustemos nuestros planes o enfoques. Es importante mantenernos abiertos al cambio y ser capaces de equilibrar diferentes demandas sin perder la calma.

Gestión eficiente de los recursos: El Dos de Oros representa la necesidad de gestionar nuestros recursos de manera eficiente. Puede ser un indicio de que es importante priorizar nuestras tareas y asignar nuestros recursos (dinero, tiempo, energía, habilidades) de manera efectiva para lograr los mejores resultados en nuestro trabajo. Seamos organizados y utilicemos nuestras habilidades de planificación para optimizar nuestro desempeño laboral.

Multitarea y habilidades de resolución de problemas: El Dos de Oros sugiere que podemos estar involucrados en múltiples proyectos o tareas al mismo tiempo. Puede ser un indicio de que tenemos habilidades para manejar varias responsabilidades y resolver problemas de manera eficiente.

Equilibrio entre el trabajo y la vida personal: El Dos de Oros indica la necesidad de encontrar un equilibrio saludable entre nuestra vida laboral y personal. Puede ser un indicio de que estamos lidiando con múltiples responsabilidades y demandas en nuestro trabajo, por lo que es importante administrar nuestro tiempo y energía de manera eficiente para evitar el agotamiento. Esta carta nos estimula a establecer límites claros y a priorizar nuestro bienestar en general.

En resumen, el Dos de Oros describe un período durante el cual nuestra situación laboral es inestable y nos vemos forzados a optimizar nuestros recursos para mantenernos a flote. Podemos esperar complicaciones en nuestros negocios o nuestro trabajo, pero tenemos la capacidad de adaptación necesaria para salir adelante. Lo más importante es mantener nuestras opciones abiertas y estar dispuestos a avanzar o retroceder según las circunstancias nos exijan.

Si el Dos de Oros aparece invertido, indica un período de dificultades e inseguridad, pero en este caso no estaremos a la altura de las circunstancias y es posible que tengamos mucho estrés y suframos algunas pérdidas.

Tres de Oros

Significado adivinatorio
Tarea bien realizada, maestría. Progreso material, transacciones comerciales. Prestigioso miembro de una cofradía.

Invertida
Incapaz e irresponsable. Habilidad o conocimiento insuficiente para lograr lo que se pretende. Esfuerzos inútiles, obstinado, incapaz de aprender de sus errores. Más preocupación por la ganancia que por la calidad del trabajo. Disminución del patrimonio, del rango y del estatus social. Es similar al Ocho de Oros invertido en cuanto al trabajo deficiente, pero en este caso se refiere más bien a un incapaz que un estafador.

El Tres de Oros se relaciona principalmente con el ámbito del trabajo y las transacciones comerciales. Indica progreso, habilidad y reconocimiento. Algunos de sus principales significados son:

Progreso y reconocimiento: Cuando aparece el Tres de Oros en una lectura de Tarot relacionada con el trabajo, puede indicar que estamos en un momento favorable en nuestra carrera o empleo. Es posible que estemos obteniendo reconocimiento por nuestras habilidades y esfuerzos. Esta carta sugiere que nuestro trabajo bien realizado está dando frutos y que progresamos en nuestra profesión.

Estabilidad y prosperidad: En términos financieros, el Tres de Oros sugiere estabilidad y prosperidad. Puede indicar que estamos experimentando un período de crecimiento económico y que nuestras transacciones comerciales están rindiendo frutos. Sin embargo, es importante que sigamos siendo diligentes y responsables con nuestros recursos para mantener esta estabilidad a largo plazo.

Evolución profesional: El Tres de Oros indica que realizamos nuestro trabajo con maestría y consumada habilidad. Este es un excelente augurio para nuestra carrera profesional, nos indica que podremos progresar en nuestro trabajo, destacarnos en nuestra profesión y ser ampliamente reconocidos.

Prestigio entre nuestros pares: El Tres de Oros indica pertenencia a una asociación profesional. Aunque tenemos autonomía en nuestro trabajo somos parte de una asociación o cofradía en la que ocupamos un lugar prominente.

En resumen, el Tres de Oros se asocia con el trabajo, el éxito laboral, la pertenencia a una agrupación profesional y el reconocimiento. Esta carta es una señal positiva de avance en nuestra carrera y augura un período de logros y avances. En términos financieros, representa estabilidad y prosperidad, pero también nos insta a ser responsables y prudentes con nuestros recursos y ante todo, mantener sin tacha nuestro buen nombre.

Si aparece invertida, esta carta sugiere que no estamos a la altura de nuestras responsabilidades. Si intentamos realizar un trabajo para el que no estamos capacitados fracasaremos y arruinaremos nuestra reputación. Mantengamos la calidad de nuestro trabajo, de lo contrario nuestro estatus profesional sufrirá y tendremos pérdidas. Seamos realistas y sinceros, no nos comprometamos con tareas que no podremos completar satisfactoriamente.

Cuatro de Oros

SIGNIFICADO ADIVINATORIO
Control y estructura. Poder. Ganancia y seguridad materiales. Un regalo o una herencia. Avaricia, materialismo. Hasta cierto punto se asemeja al 9 de Oros con la dupla control/descontrol y herencia.

INVERTIDA
Descontrol, falta de estructura. Limitación, obstáculos, revés material, pérdidas, incertidumbre y retraso, despilfarro.

El Cuatro de Oros representa estabilidad, consolidación, seguridad y conservación de recursos. A continuación, presentamos algunas posibles interpretaciones de esta carta en relación al trabajo:

Estabilidad financiera: El Cuatro de Oros indica que estamos en una posición estable en nuestra profesión y que nuestras finanzas están consolidadas. Puede significar que tenemos un empleo estable con un ingreso regular y suficiente para cubrir nuestras necesidades con holgura. Esta carta nos enseña a mantener esa estabilidad y a tomar medidas para proteger nuestros recursos financieros a largo plazo.

Conservación de recursos: El Cuatro de Oros también sugiere la necesidad de administrar y conservar nuestros recursos de manera efectiva en el entorno laboral o en nuestros negocios. Seamos prudentes con nuestros gastos y evitemos derrochar el dinero. Esta carta nos anima a establecer un presupuesto y a ser conscientes de cómo utilizamos nuestros recursos para asegurarnos de que estén bien gestionados.

Resistencia al cambio: El Cuatro de Oros puede indicar cierta resistencia al cambio en nuestro entorno laboral. Puede ser un indicio de que nos sentimos cómodos en nuestra posición actual y que tenemos cierto temor o resistencia a asumir nuevos desafíos o explorar oportunidades diferentes. Esta carta nos invita a evaluar si nuestra resistencia al cambio es realmente beneficiosa para nuestro crecimiento profesional o si es momento de abrirnos a nuevas posibilidades.

Enfoque en la seguridad laboral: En el ámbito laboral, esta carta sugiere que es importante buscar la estabilidad económica y proteger nuestros intereses económicos. El Cuatro de Oros sugiere que nuestro enfoque principal en el trabajo es mantener nuestra seguridad y estabilidad laboral. Posiblemente estemos más interesados en la continuidad de nuestro empleo y la tranquilidad financiera que en asumir riesgos o buscar oportunidades de crecimiento.

En síntesis, el Cuatro de Oros indica un período de estabilidad económica y laboral, en el que nos dedicamos a consolidar nuestra posición laboral o nuestro negocio. Es un buen augurio que promete ganancias. Sin embargo, es posible que llevemos nuestro prudencia demasiado lejos; una vez que hayamos alcanzado una posición laboral y económica segura no descuidemos nuestra vida personal, sepamos disfrutar de las buenas cosas de la vida.

Si esta carta aparece invertida indica falta de estructura, desorganización y descuidos que nos harán retroceder en nuestra carrera profesional y que nos pueden causar pérdidas materiales. Si bien es bueno disfrutar de la vida, no seamos despilfarradores ni comprometamos nuestra posición económica.

Cinco de Oros

SIGNIFICADO ADIVINATORIO
Pobreza, indigencia, penurias, inseguridad, pérdida de dinero o del empleo. Buena suerte en el amor, amantes, amor o amistad que se encuentra en el medio de los problemas.

INVERTIDA
Nuevo empleo u oportunidad. Trabajo productivo. Mala suerte en el amor.

El Cinco de Oros indica inseguridad, dificultades y penurias económicas, pero buena suerte en el amor. A continuación, presentamos algunas posibles interpretaciones de esta carta en relación al trabajo:

Dificultades económicas: El Cinco de Oros indica que podríamos estar experimentando dificultades económicas. Puede que nuestros ingresos no alcancen para poder sustentarnos, tengamos dificultades para encontrar empleo o tengamos problemas para encontrar donde vivir. Esta carta nos invita a buscar formas de superar los obstáculos que nos afectan y a buscar la ayuda de otras personas.

Inseguridad laboral: El Cinco de Oros también sugiere inestabilidad o inseguridad en nuestro trabajo. Puede ser un indicio de nuestro empleo está en riesgo o incluso que hemos sido despedidos. Esta carta nos anima a evaluar nuestra situación laboral y a tomar medidas para fortalecer nuestra posición. Hasta cierto punto, es posible que nuestros problemas se deban a que somos muy desorganizados; tratemos de estructurar mejor nuestra vida laboral y actuemos con disciplina.

Sensación de exclusión o rechazo: El Cinco de Oros puede indicar que nos sentimos marginados o ignorados en nuestro entorno laboral, lo que puede afectar nuestra confianza y bienestar. Esta carta nos invita a buscar apoyo y a conectarnos con personas de confianza en nuestro entorno laboral para superar estos sentimientos de aislamiento.

Superación de la adversidad: Aunque el Cinco de Oros indica dificultades y penurias, también nos recuerda que podemos superar los desafíos y encontrar soluciones a nuestros problemas. Para lograrlo es importante organizarnos y también buscar ayuda, no podremos superar nuestros problemas solos.

Buena suerte en el amor: Como consuelo de nuestras penurias financieras y laborales, el Cinco de Oros promete buena suerte en el amor, nos

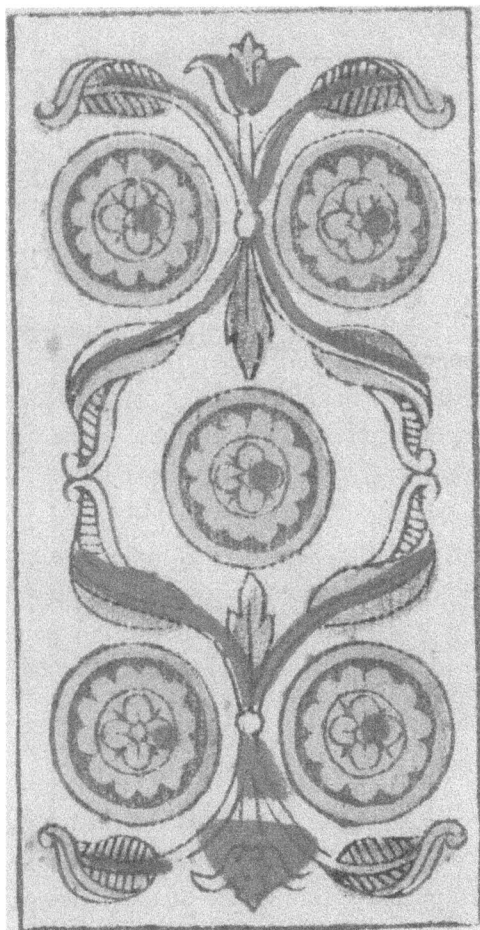

indica que encontraremos amor o amistad, alguien que nos dará una mano en medio de nuestros problemas. Su significado específico en este aspecto es "amantes".

En resumen, el Cinco de Oros refleja un período de penurias económicas y marginación en nuestra vida. Puede que tengamos pérdidas económicas o perdamos nuestro empleo. Pero también nos enseña que si buscamos la ayuda de nuestros amigos, y nos organizamos un poco más, podremos superar este período de adversidad.

Si está invertido, el Cinco de Oros promete progreso en el campo laboral. Posiblemente consigamos un nuevo empleo o podamos desarrollar un emprendimiento productivo. Pero por otra parte indica mala suerte en el amor.

Seis de Oros

Significado adivinatorio
Prosperar y compartir con los demás. Equilibrio de ingresos y egresos. Regalos, aumento de sueldo. Situación transitoria.

Invertida
Orgulloso de su riqueza, despilfarrador, caridad para aparentar. Ofrecer un soborno, envidia, celos, deudas incobrables.

El Seis de Oros representa la generosidad, el equilibrio y la reciprocidad en el ámbito material y financiero. En el contexto laboral, esta carta sugiere que estamos en una posición de poder ayudar y ser ayudado en términos económicos. A continuación, presentamos algunas posibles interpretaciones de esta carta en relación al trabajo:

Equilibrio y reciprocidad: El Seis de Oros indica que hay un equilibrio en el intercambio económico en nuestro entorno laboral. Puede ser un indicio de que tanto nosotros como nuestros compañeros o empleadores tenemos la disposición de apoyarnos mutuamente, balanceando las responsabilidades y recompensas. Esta carta nos invita a mantener esa reciprocidad y a buscar formas de equilibrar el dar y el recibir en nuestro trabajo.

Ayuda económica y generosidad: El Seis de Oros también sugiere que podemos ser una fuente de ayuda económica para aquellos que lo necesitan. También puede ser un indicio de que tenemos los recursos y el conocimiento para brindar apoyo y guía a nuestros colegas o empleados. Esta carta nos anima a ser generosos y considerados con los demás, sabiendo que todo se balancea en la vida y nuestra generosidad mejorará nuestro entorno laboral.

Reconocimiento y recompensas: El Seis de Oros indica que nuestro trabajo y esfuerzo serán reconocidos y recompensados en términos materiales. Puede significar que recibiremos beneficios adicionales, como aumentos de salario, bonificaciones o reconocimientos por nuestro desempeño laboral.

Administración financiera sabia: El Seis de Oros sugiere que es importante administrar bien nuestros recursos y nuestra economía. Nos enseña a ser generosos, pero también prudentes con nuestros recursos y tomar decisiones financieras inteligentes. Esta carta nos anima a buscar

un equilibrio entre el dar y el recibir, y a asegurarnos de que nuestras acciones económicas sean justas y equitativas.

En resumen, el Seis de Oros indica que nuestra disposición generosa y abierta a la colaboración nos permitirán progresar a la vez que compartimos con otros los frutos de nuestro trabajo. Este es un período transitorio, saquemosle provecho mientras podamos.

Si aparece invertido, el Seis de Oros nos advierte que no hacemos buen uso de nuestros recursos, en lugar de compartirlos de manera productiva, los despilfarramos en un modo de vida ostentoso. Si no nos organizamos mejor tendremos pérdidas y nos estancaremos en el campo laboral.

Siete de Oros

SIGNIFICADO ADIVINATORIO
Decepción, preocupaciones monetarias, codicia, ansiedad, excesivas pretensiones, especulación imprudente, pérdida de dinero, préstamo impago, resultado mísero, retraso.

INVERTIDA
Éxito retrasado después de un trabajo duro. Trabajo realizado por amor al trabajo, pero sin esperar retribuciones materiales.

El Siete de Oros representa un período de preocupaciones monetarias e incertidumbre, porque nuestros esfuerzos o inversiones parecen no fructificar. A continuación, presentamos algunas posibles interpretaciones de esta carta en relación al trabajo:

Evaluación estratégica: El Siete de Oros nos invita a reevaluar nuestros planes y a considerar si es necesario hacer ajustes en nuestro enfoque laboral y financiero. Es posible que deseemos ajustar nuestras prioridades y asegurarnos de que estemos invirtiendo nuestro tiempo y energía en las áreas que realmente nos brindarán resultados satisfactorios.

Paciencia y perseverancia: El Siete de Oros también sugiere la importancia de la paciencia y la perseverancia en nuestro trabajo. Puede ser un indicio de que los resultados deseados no se han materializado de inmediato, pero que es necesario seguir esforzándonos y tener confianza en que nuestras acciones darán frutos a largo plazo. Esta carta nos anima a mantener una actitud perseverante y a tener confianza en nuestro proceso de desarrollo profesional.

Toma de decisiones: El Siete de Oros indica que este puede ser el momento adecuado para tomar decisiones en relación a nuestro trabajo. Quizás debamos considerar si es necesario realizar cambios o ajustes en nuestros proyectos o en nuestro enfoque laboral.

Cambio de perspectiva: Es posible que estemos demasiados pendientes de los resultados de nuestros esfuerzos pasados o nuestras inversiones, y que descuidemos nuestro trabajo diario. El Siete de Oros nos enseña que debemos enfocarnos en nuestras responsabilidades cotidianas, en lugar de soñar con futuras ganancias, concentrémonos en lo que debemos hacer en el presente.

En síntesis, cuando esta carta aparece en una lectura relacionada con el trabajo, puede sugerir que hemos estado invirtiendo tiempo, esfuerzo

y energía en una inversión o emprendimiento de resultado incierto o demorado. El Siete de Oros nos recuerda que el éxito no siempre llega de inmediato y puede requerir perseverancia y dedicación a largo plazo. Asimismo también nos dice que a veces es preciso ajustar nuestras pretensiones y conformarnos con menos de lo que esperábamos.

Cuando está invertido, el Siete de Oros tiene un significado similar, lo que cambia es nuestra actitud; cuando esta carta aparece al derecho indica preocupación y ansiedad, porque no obtenemos resultados inmediatos, si aparece invertida, tampoco nos promete resultados inmediatos, pero eso no nos causará ansiedad. En este caso, haremos lo que nos parezca mejor sin inquietarnos por obtener resultados a corto plazo, porque sabemos que, a la larga, todo se balancea en la vida.

Ocho de Oros

Significado adivinatorio
Prudencia, dedicación, avance rutinario y paciente. El primer paso en una provechosa profesión. Aprendiendo un negocio o profesión. Habilidad en asuntos materiales. Salud, equilibrio, estabilidad.

Invertida
Busca de ganancias inmediatas sin preocuparse por los resultados a largo plazo. Atención a las apariencias y descuido de cosas importantes, vanidad, codicia, estafa, extorsión, usura, hipocresía. Impaciencia, insatisfacción con las circunstancias actuales. Similar al 3 de Oros invertido, pero mucho más negativo.

El Ocho de Oros representa la concentración en un objetivo, la dedicación y el desarrollo de habilidades en el ámbito laboral. A continuación, presentamos algunas posibles interpretaciones de esta carta en relación al trabajo:

Enfoque y dedicación: El Ocho de Oros indica que estamos concentrados en nuestro trabajo y dedicados a realizar nuestras tareas con diligencia y atención. Puede ser un indicio de que nos esforzamos por hacer un trabajo de calidad y nos preocupamos por todos los detalles.

Desarrollo de habilidades: El Ocho de Oros también sugiere que estamos aprendiendo nuevas cosas y mejorando nuestras habilidades en el ámbito laboral. Quizás estemos adquiriendo nuevos conocimientos, capacitándonos o perfeccionando nuestras habilidades existentes. Esta carta nos anima a seguir aprendiendo y mejorando para avanzar en nuestra carrera profesional.

Habilidad y maestría: El Ocho de Oros simboliza la idea de la artesanía y la maestría en nuestro trabajo. Sugiere que estamos comprometidos en convertirnos en un experto en nuestro campo y en realizar un trabajo de alta calidad. Esta carta nos invita a esforzarnos para alcanzar la excelencia y a tener orgullo en nuestro oficio.

Reconocimiento y recompensa: El Ocho de Oros sugiere que nuestro arduo trabajo y dedicación serán recompensados con reconocimiento y éxito en el ámbito laboral. Puede ser un indicio de que nuestros esfuerzos están siendo notados y valorados por nuestros superiores, colegas o clientes. Esta carta nos anima a continuar con nuestro trabajo constante, aprovechando las oportunidades de crecimiento que se nos presenten, para alcanzar más logros profesionales.

Oportunidad laboral: En términos de proyectos laborales, el Ocho de Oros señala que estamos trabajando diligentemente en un proyecto importante que, bien realizado, nos ofrecerá una oportunidad de progreso profesional. Estamos poniendo atención a los detalles, siendo minuciosos y enfocándonos en la calidad de nuestro trabajo.

En resumen, el Ocho de Oros sugiere que estamos comprometidos con nuestro trabajo y nos esforzamos por mejorar y alcanzar la excelencia en lo que hacemos. Esta carta es un recordatorio de que el crecimiento profesional requiere tiempo y esfuerzo, pero también nos promete que alcanzaremos la maestría en nuestro campo laboral y obtendremos recompensas a largo plazo.

Si está invertido, el Ocho de Oros nos señala que tomamos el camino equivocado. En lugar de dedicarnos a nuestro trabajo en búsqueda de la excelencia, hemos decidido priorizar las ganancias a corto plazo, descuidando la calidad de nuestro trabajo. Si no respetamos a nuestros clientes y los defraudamos, dándoles gato por liebre, no podremos obtener nada bueno a largo plazo en nuestro ámbito laboral. Asimismo, el Ocho de Oros invertido, dependiendo de las cartas que lo acompañen, puede indicar que nosotros seremos los engañados y que alguien inescrupuloso nos defraudará o estafará.

Nueve de Oros

SIGNIFICADO ADIVINATORIO
Logros, prudencia, estabilidad, autodisciplina, independencia. Sabiduría práctica limitada al propio dominio. Disfrute solitario de las buenas cosas de la vida. Herencia (si otras cartas también lo confirman).

INVERTIDA
Decepción. Pérdidas materiales o de una amistad. Proyecto cancelado. Robo, engaño, descuido.

El Nueve de Oros simboliza la abundancia, la independencia y el éxito en el ámbito laboral. A continuación veremos algunas posibles interpretaciones de esta carta en relación al trabajo:

Independencia y autonomía: El Nueve de Oros indica que tenemos una gran autonomía y libertad en nuestro trabajo. Puede ser un indicio de que disfrutamos de una posición en la que podemos tomar decisiones por nosotros mismos y trabajar de manera independiente, o que quizás tenemos nuestro propio negocio. Esta carta nos invita a aprovechar y valorar nuestra libertad laboral, ya que nos permite desarrollar nuestras habilidades y establecer nuestras propias metas y objetivos.

Abundancia y progreso: El Nueve de Oros sugiere que estamos pasando un periodo de abundancia y progreso en nuestro trabajo, que, dentro de nuestra área de influencia, sabemos muy bien como proceder. También puede ser un indicio de que nuestros esfuerzos y dedicación están dando frutos, y estamos obteniendo resultados positivos.

Estabilidad financiera: El Nueve de Oros también representa la estabilidad financiera y seguridad en el ámbito laboral y financiero. Indica que tenemos una posición sólida, y que podemos aplicar nuestros recursos y habilidades libremente.

Disfrute y bienestar: El Nueve de Oros sugiere que podemos disfrutar de los frutos de nuestro trabajo y experimentar una sensación de bienestar en nuestra vida, aunque es un disfrute solitario, porque estamos un poco aislados. Esta carta nos recuerda que es bueno balancear el trabajo con la vida personal, abrirnos al mundo y disfrutar de la vida.

En síntesis, el Nueve de Oros promete independencia, equilibrio y seguridad. Posiblemente trabajemos como un profesional independiente;

como somos disciplinados, sabemos como sacar el mejor provecho de nuestras habilidades y recursos para progresar en nuestra vida laboral.

Si aparece invertido, el Nueve de Oros nos advierte contra los engaños de gente que quiere aprovecharse de nosotros, fingiendo una amistad inexistente. Este es un período en el que debemos ser especialmente prudentes; no emprendamos ningún proyecto incierto ni corramos riesgos, porque si nos descuidamos podemos sufrir pérdidas.

Diez de Oros

Significado adivinatorio
Prosperidad familiar, éxito, seguridad material. Asuntos de familia, compra de una casa o negocio, dominios, herencia.

Invertida
Desgracia en la familia, los viejos pueden ser una carga pesada. Pérdida o problemas con una herencia. Riesgo monetario, robo, juego, disipación.

El Diez de Oros indica plenitud, estabilidad y éxito material en el ámbito laboral. También sugiere que quizás trabajemos en un negocio de nuestra familia. A continuación veremos algunas posibles interpretaciones de esta carta en relación al trabajo:

Realización de metas y éxito: El Diez de Oros indica que hemos alcanzado un alto nivel de éxito y estabilidad en nuestro trabajo. Puede ser un indicio de que hemos alcanzados nuestras metas laborales y estamos cosechando los beneficios de nuestros esfuerzos. Esta carta nos invita a celebrar y compartir nuestros logros, que fueron obtenidos con la ayuda de un equipo.

Estabilidad financiera y seguridad: El Diez de Oros también sugiere que disfrutamos de una gran estabilidad financiera y seguridad en el ámbito laboral. Puede ser un indicio de que nos sentimos cómodos y protegidos en nuestra posición actual, y que contamos con recursos económicos y humanos sólidos. Esta carta nos anima a administrar sabiamente nuestros recursos y a aprovechar nuestra estabilidad financiera para futuros proyectos y oportunidades.

Legado y herencia laboral: El Diez de Oros también significa un legado o herencia (si otras cartas lo confirman). Puede ser un indicio de que estamos conectados con una tradición familiar o empresarial exitosa, y que estamos beneficiándote de ello en nuestro propio trabajo. Esta carta nos invita a honrar y valorar las enseñanzas y los valores transmitidos por las generaciones anteriores en nuestro ámbito laboral.

Equilibrio entre el trabajo y la vida personal: El Diez de Oros sugiere que hemos logrado un equilibrio satisfactorio entre nuestro trabajo y nuestra vida personal. Puede ser un indicio de que sabemos como armonizar nuestras responsabilidades laborales con nuestra vida personal, lo que contribuye a nuestro bienestar general.

En síntesis, el Diez de Oros indica que estamos experimentando un nivel de prosperidad y logros significativos en nuestro trabajo. También sugiere que no trabajamos solos, sino en coordinación con otras personas, quizás miembros de nuestra propia familia. El Diez de Oros nos promete estabilidad financiera mientras sigamos administrando sabiamente los recursos que tenemos.

Si estuviera invertido, el Diez de Oros sugiere problemas en nuestro trabajo o familia. Nuestra estabilidad económica es amenazada y sufrimos incertidumbre. Puede que la irresponsabilidad de otros nos ocasione pérdidas y una amarga decepción. Es aconsejable que seamos prudentes y evitemos tanto los proyectos riesgosos como los gastos excesivos.

Sota de Oros

Significado adivinatorio
Tranquilo y estudioso, práctico, instruido, cuidadoso, amable, generoso, reflexivo, introvertido. Buen administrador. Portador de buenas noticias o mensajes relacionados con el dinero.

Invertida
Irresponsable, despilfarrador, ilógico, rebelde. Falta de propósito, incapaz de perseverar en nada. Malas noticias. Pérdida de dinero.

La Sota de Oros representa oportunidades, potencial de progreso y éxito material en el ámbito laboral. A continuación veremos algunas posibles interpretaciones de esta carta en relación al trabajo:

Oportunidades y nuevo comienzo: La Sota de Oros indica que tendremos oportunidades para el crecimiento y avance en nuestra carrera. Puede ser un indicio de que se avecinan proyectos interesantes, promociones o nuevos desafíos laborales. Esta carta nos invita a estar atentos a las oportunidades que se presenten y a estar dispuesto a tomar acción para aprovecharlas.

Ambición y enfoque: La Sota de Oros también sugiere que tenemos una gran ambición y estamos concentrados en nuestro trabajo. Puede indicar que estamos dispuestos a trabajar arduamente para alcanzar nuestras metas y conseguir el éxito material.

Potencial y habilidades: La Sota de Oros representa el potencial y las habilidades que poseemos en el ámbito laboral. Puede ser un indicio de que tenemos capacidad organizativa y podemos destacarnos en nuestro trabajo. Si empleamos bien nuestras habilidades podremos desarrollarlas aún más para alcanzar el éxito profesional.

Independencia y autonomía: La Sota de Oros sugiere que podemos tener la oportunidad de obtener independencia y autonomía en nuestro trabajo. Puede indicar que estamos en camino de convertirnos en un profesional auto-suficiente y exitoso.

En síntesis, la Sota de Oros sugiere que estamos en un momento de crecimiento y desarrollo en nuestro trabajo. También puede indicar un joven estudioso, práctico y reflexivo que nos trae buenas noticias o es una buena influencia en el ámbito laboral.

Si está invertida, esta carta se refiere a un joven irresponsable y rebelde. No es serio y no podemos confiar en él. También puede indicar mal uso o pérdida de dinero.

Caballero de Oros

Significado adivinatorio
Maduro y responsable, metódico, práctico, perseverante, laborioso, servicial y confiable. Un administrador capacitado. Asuntos importantes relacionados con el dinero. Va en busca de la fortuna y sabe defenderla. Vendedor ambulante. Expresión productiva de creatividad.

Invertida
Poco confiable. Perezoso, estrecho de miras, descuidado o torpe, desocupado. Estancamiento, incapaz de adaptarse. Persigue la fortuna sin lograr obtenerla.

El Caballero de Oros indica estabilidad, compromiso y diligencia en el ámbito laboral. A continuación veremos algunas posibles interpretaciones de esta carta en relación al trabajo:

Enfoque y dedicación: El Caballero de Oros indica que somos muy dedicados y estamos concentrados en cumplir con nuestro trabajo. Sugiere una actitud metódica y perseverante, una expresión productiva de creatividad.

Estabilidad y seguridad: El Caballero de Oros también sugiere que buscamos la estabilidad y la seguridad en nuestra carrera. Puede ser un indicio de que valoramos la estabilidad financiera y preferimos un progreso profesional lento pero seguro. Esta carta nos enseña a tomar decisiones prácticas que nos ofrezcan estabilidad y posibilidades de desarrollo a largo plazo en nuestro trabajo.

Honestidad y confiabilidad: El Caballero de Oros representa la honestidad y la confiabilidad en el ámbito laboral. Puede ser un indicio de somos reconocidos por nuestra ética de trabajo e integridad profesional.

Gestión de recursos: El Caballero de Oros sugiere que somos capaces de gestionar nuestros recursos de manera eficiente en nuestro trabajo. Indica que tenemos habilidades para administrar nuestro tiempo, energía y finanzas de manera inteligente.

En síntesis, el Caballero de Oros sugiere que estamos comprometidos con nuestro trabajo y nos esforzamos por alcanzar nuestras metas profesionales. También puede simbolizar a una persona con las características ya descritas, en quien podemos confiar y delegarle responsabilidad.

CAVALIER·DE·DENIER·

Si aparece invertido, el Caballero de Oros se vuelve poco confiable, es descuidado y perezoso, es una persona incapaz de adaptarse a los desafíos de un entorno moderno de trabajo.

Reina de Oros

Significado adivinatorio
Mujer buena, rica y caritativa, de gran corazón. Pragmática, realista, liberal y tranquila, pero ambiciosa. Prosperidad, seguridad. Fortuna a través de una mujer. Es la madre tierra, generosa en dones. Confianza en uno mismo, atrevimiento, certeza.

Invertida
Presuntuosa, negligente, voluble, necia. Desconfiada e insegura, miedosa. Resistencia al cambio. Sospecha, hostilidad. Solo le importa el dinero.

La Reina de Oros representa la abundancia, la prosperidad y el éxito material en el ámbito laboral. A continuación veremos algunas posibles interpretaciones de esta carta en relación al trabajo:

Éxito financiero: La Reina de Oros indica que estamos en un momento de éxito y prosperidad en nuestra carrera. También puede ser un indicio de que estamos prosperando económicamente y gozamos de estabilidad económica en nuestro trabajo.

Habilidad directiva: La Reina de Oros representa la habilidad para gestionar y organizar eficientemente los asuntos laborales. Tenemos la capacidad y certidumbre que nos permite tomar decisiones sólidas y mantener un enfoque práctico en nuestro trabajo.

Generosidad y apoyo: La Reina de Oros sugiere que ayudamos a nuestros colegas y subordinados, porque somos generosos y estamos dispuestos a compartir nuestros conocimientos y recursos con nuestros ellos, lo que nos permite construir relaciones sólidas y ser valorados en nuestro entorno laboral.

Equilibrio entre el trabajo y el bienestar personal: La Reina de Oros representa el equilibrio entre el trabajo y la vida personal. Puede ser un indicio de que sabemos cómo priorizar nuestro bienestar global y armonizar nuestra vida laboral y personal.

En resumen, la Reina de Oros indica que tenemos una gran capacidad para administrar nuestros recursos y alcanzar nuestras metas profesionales. Tenemos un enfoque práctico y liberal que nos permite lograr lo mejor de nuestros subordinados a la vez que nos mantenemos concentrados en nuestras metas. Esta carta también sugiere que una mujer con las características de la Reina de Oros puede ayudarnos en nuestra

carrera profesional, de hecho uno de los significados de esta carta es: fortuna a través de una mujer.

En caso de aparecer invertida, la Reina de Oros puede indicar una actitud poco seria e insegura, que no nos permite adaptarnos a los desafíos cambiantes que podemos encontrar en nuestro entorno laboral. También puede indicar una jefa que inhibe nuestro desarrollo, porque no planea a largo plazo, y su inseguridad no le permite delegar ninguna tarea ni invertir los recursos necesarios para que la empresa progrese.

Rey de Oros

Significado adivinatorio
Firme, flemático, inteligente, capaz en matemática y finanzas, amigo y/o esposo leal y generoso, comerciante próspero, banquero, jefe experimentado. Lento para la ira, pero implacable si es provocado. Amistoso con el consultante.

Invertida
Corrupto, avaro, infiel, viejo y vicioso, tahúr, prestamista, especulador. Mago negro. Peligroso si se entra en conflicto con él. Un mal administrador, inversión fallida. Insatisfacción con lo que ya se tiene. Una visión limitada.

El Rey de Oros representa la estabilidad, la autoridad y el éxito material en el ámbito laboral. A continuación veremos algunas posibles interpretaciones de esta carta en relación al trabajo:

Liderazgo y autoridad: El Rey de Oros indica que tenemos habilidades de liderazgo y autoridad en nuestro campo laboral. Puede que seamos reconocidos como una figura de influencia y respeto en nuestro entorno profesional. Esta carta nos anima a utilizar nuestro liderazgo de manera efectiva, inspirando a otros y tomando decisiones sólidas que beneficien a nuestro equipo y a nuestro negocio.

Estabilidad y seguridad financiera: El Rey de Oros también indica estabilidad y seguridad financiera. Puede ser un indicio de que hemos logrado establecernos económicamente y gozamos de una situación financiera sólida. Mantengamos una gestión prudente de nuestros recursos para asegurar nuestra estabilidad económica a largo plazo.

Enfoque en el éxito material: El Rey de Oros significa un enfoque claro en el éxito material y profesional. Indica búsqueda de nuevos logros mientras se mantienen seguros los activos existentes; inversiones juiciosas, confianza y seguridad, una visión prudente pero optimista.

Sabiduría y experiencia: El Rey de Oros sugiere que somos capaces y experimentados en el campo financiero y matemático, lo que nos otorga una ventaja competitiva en nuestro trabajo. Esta carta nos invita a compartir nuestro conocimiento con otros y a utilizar nuestra experiencia para tomar decisiones sólidas y estratégicas.

En síntesis, el Rey de Oros sugiere que tenemos un gran dominio y control en nuestra vida profesional y podemos alcanzar altos niveles de lo-

ROY·DE·DENFR·

gro profesional. En caso de representar a otra persona, ésta tendrá las características ya vistas y será amistosa con nosotros, a menos que las cartas vecinas indiquen lo contrario.

Si el Rey de Oros está invertido se convierte en alguien que usa sus conocimientos financieros para especular y sacar provecho de los incautos. También puede ser alguien con conocimientos ocultos que es muy peligroso contrariar. Alternativamente también puede representar a un mal administrador, deshonesto y poco confiable.

Los Arcanos Menores:
Espadas

As de Espadas

Significado adivinatorio
Conquista. Triunfo logrado a pesar de los obstáculos. Actividad intensa, firme y claro propósito. Gestación o parto. Es una carta de excesos.

Invertida
Excesos. Desastre o conquista seguida por un desastre, mal uso del poder, desequilibrio, confusión. Gran pérdida.

El As de Espadas indica dedicación a una tarea y el triunfo final. En el ámbito laboral, esta carta puede tener varios significados:

Conflicto y desafío: El As de Espadas indica conflictos o desafíos en nuestro entorno laboral. Puede referirse a situaciones en las que debemos enfrentar adversidades, resolver disputas o tomar decisiones difíciles. Esta carta sugiere que debemos mantenernos alerta y preparados para enfrentar cualquier obstáculo que pueda surgir.

Mentalidad analítica: Las espadas están asociadas con el intelecto y la mente. El As de Espadas sugiere que nuestras habilidades analíticas y nuestra capacidad para resolver problemas están en su punto máximo. Es posible que nuestro trabajo requiera un pensamiento lógico y estratégico, y esta carta sugiere que estamos bien equipados para enfrentar esos desafíos.

Nuevas oportunidades: El As de Espadas también puede representar nuevas oportunidades en el ámbito laboral. Puede ser un indicador de que nos enfrentaremos a proyectos desafiantes o que encontraremos nuevas formas de avanzar en nuestra carrera. Dado que esta carta indica triunfo logrado a pesar de los obstáculos, para aprovechar las oportunidades deberemos actuar con decisión, perseverancia y concentración.

Poder y autoridad: El As de Espadas puede indicar que estamos en una posición de autoridad en nuestro trabajo o que tenemos la capacidad de asumir el liderazgo. Puede ser un indicio de que estamos listo para asumir mayores responsabilidades o tomar decisiones importantes.

En resumen, el As de Espadas nos indica que no podemos hacer las cosas a medias, si queremos alcanzar nuestras metas profesionales debemos concentrar todos nuestros recursos en la tarea a realizar, solo así triunfaremos. Dado que es una carta de excesos, también es importante mantener nuestro equilibrio durante este estresante período.

Si estuviera invertido, el As de Espadas indica que nos hemos excedido, que perdimos el control y abusamos de nuestro poder. Si pese a eso alcanzamos el éxito, esos buenos resultados no durarán, la consecuencia final será calamitosa. Esta carta nos advierte que si queremos prevenir los problemas que ella sugiere cuando está invertida, debemos recuperar el equilibrio y moderar nuestro comportamiento.

Dos de Espadas

Significado adivinatorio
Equilibrio. Fuerzas balanceadas, empate. Marcar límites claros. Firmeza, coraje. Amistad, camaradería. La voluntad se forja en la lucha.

Invertida
Discordia. Descontrol. Traición, mentiras, deslealtad, falsos amigos.

El Dos de Espadas simboliza equilibrio dinámico, una situación tensa, pero estable. Aquí presentamos algunos posibles significados en el ámbito laboral:

Equilibrio y negociación: El Dos de Espadas puede indicar la necesidad de balancear distintos intereses y encontrar soluciones a través de la negociación en el trabajo. Puede que nos encontremos en medio de un conflicto o enfrentamiento laboral, y esta carta sugiere que debemos buscar el punto medio y encontrar un terreno común para resolver los desafíos.

Toma de decisiones: El Dos de Espadas sugiere que nos encontramos en una situación laboral en la que debemos tomar una decisión importante. Puede que estemos enfrentando opciones o alternativas laborales y nos resulte difícil elegir el camino correcto. Esta carta nos insta a tomar el tiempo necesario para analizar las opciones y considerar las consecuencias antes de tomar una decisión.

Evitar las confrontaciones y marcar límites claros: Esta carta también nos enseña que debemos evitar conflictos o confrontaciones en el entorno laboral. Cuando estemos presionados por otros colegas o adversarios, es importante evitar una confrontación directa, pero también debemos defender nuestra área de influencia, marcando límites claros.

Evaluación y análisis: El Dos de Espadas puede representar la necesidad de un análisis cuidadoso y una evaluación detallada en nuestro trabajo. Puede que estemos en una etapa en la que debemos revisar proyectos, estrategias o decisiones pasadas. Es importante balancear bien los intereses de todas las personas relacionadas con los proyectos que evaluamos, para mantener el balance de poder y evitar conflictos.

En síntesis, el Dos de Espadas señala un período en el que debemos esforzarnos para mantener el equilibrio en nuestro ámbito laboral. Es importante resolver los conflictos potenciales con diplomacia, pero sin

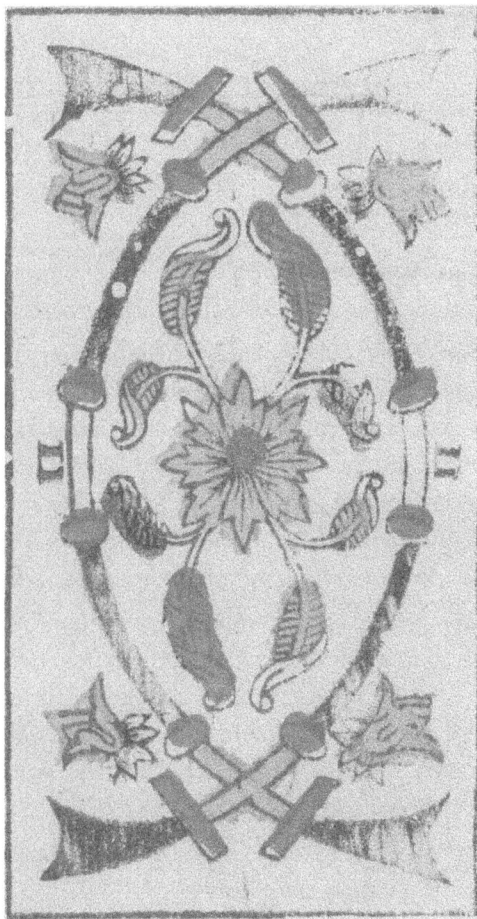

renunciar a nuestros principios. Solo de esa forma podremos mantener un entorno laboral pacífico y productivo.

Cuando el Dos de Espadas aparece invertido significa que perdemos el control de la situación, posiblemente porque un miembro de nuestro equipo de trabajo o un socio decide sacar ventaja a costa nuestra. En este caso, esta carta nos previene contra la duplicidad y los falsos amigos, no nos descuidemos.

Tres de Espadas

Significado adivinatorio
Aflicción, lágrimas, melancolía, separación, divorcio, contienda, conflicto, aplazamiento, ausencia. Para una mujer: la huida de su amante.

Invertida
Tiene un significado similar, pero atenuado: confusión, error, alienación, separación. Una monja.

El Tres de Espadas indica separación y pena. Aquí presentamos algunos posibles significados de esta carta en el ámbito laboral:

Dolor y decepción: El Tres de Espadas puede indicar que estamos experimentando aflicción o decepción en el trabajo. Puede que hayamos sufrido una pérdida, una traición o una situación desafortunada, que han afectado negativamente nuestro entorno laboral. Para superar este penoso trance es importante recuperar la perspectiva y no concentrarnos exclusivamente en lo que hemos perdido, sino más bien enfocarnos en las oportunidades que nos permitan mejorar nuestra situación.

Conflicto y tensiones: Esta carta también sugiere conflictos y tensiones en nuestro entorno laboral. Puede que estemos involucrados en disputas, rivalidades o situaciones problemáticas con colegas, jefes o colaboradores. El Tres de Espadas nos insta a abordar estos problemas de manera constructiva y buscar soluciones pacíficas para restablecer la armonía en el trabajo.

Separación o finalización: El Tres de Espadas también puede indicar una separación o finalización en el ámbito laboral. Puede que enfrentemos la pérdida de un trabajo, una asociación o una oportunidad profesional. Esta carta sugiere que debemos aceptar y asimilar esta pérdida, y buscar nuevas oportunidades o caminos en nuestra carrera profesional.

Reconocimiento de nuestras perspectivas reales: El Tres de Espadas también nos enseña que debemos reconocer y confrontar el dolor o la insatisfacción en nuestro trabajo. Puede que nos estemos resistiendo a enfrentar ciertos problemas o a reconocer nuestras propias limitaciones. Esta carta nos anima a ser honestos con nosotros mismos y a aceptar la realidad laboral con la que nos enfrentamos, está en nosotros decidir si vale la pena esforzarnos por mejorar nuestra situación actual o si es preferible abandonar nuestro trabajo actual y buscar otras opciones.

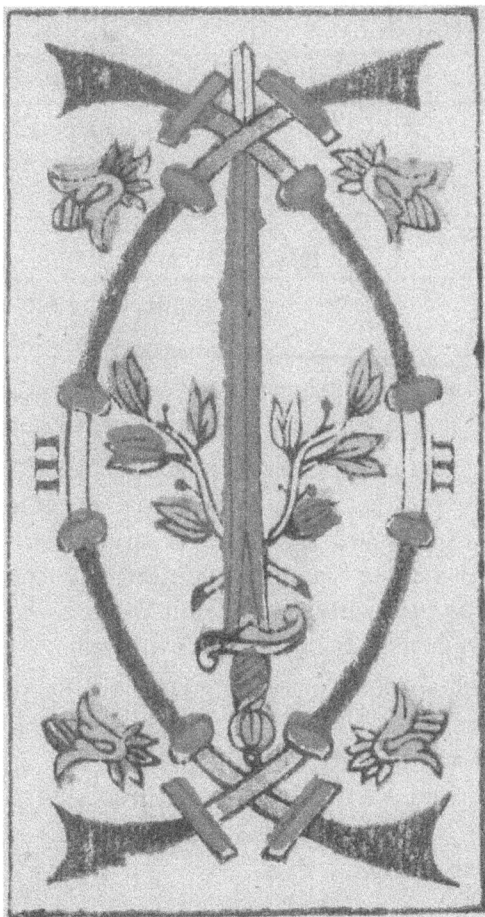

En resumen, el Tres de Espadas representa un período de decepción y pérdida, en el que posiblemente perdamos toda esperanza de progreso en nuestra carrera profesional y nos sintamos solos y humillados. Para recuperarnos y continuar adelante con nuestra vida laboral es importante encontrar un nuevo enfoque, que nos permita concentrar nuestras energías en algo positivo para reiniciar nuestra carrera profesional.

Cuando el Tres de Espadas está invertido, tiene un significado similar, pero atenuado. Puede que nos sintamos postergados, aislados y no tengamos un objetivo claro en nuestra carrera profesional. Pero este es un período transitorio, debemos conservar nuestras fuerzas y mantener nuestra claridad mental, hasta que la situación mejore.

Cuatro de Espadas

SIGNIFICADO ADIVINATORIO
Tregua, soledad, estancamiento, restricción. Recuperación de la salud luego de una enfermedad, puede indicar hospitalización. Retiro espiritual, meditación. Exilio.

INVERTIDA
Actividad renovada. Se recomienda prudencia, discreción y economía.

El Cuatro de Espadas indica restricción, retiro, pausa. Aquí presentamos algunas posibles significados de esta carta en el ámbito laboral:

Descanso y recuperación: El Cuatro de Espadas puede indicar la necesidad de tomar un descanso en nuestro trabajo. Puede que estemos sufriendo agotamiento o estrés laboral, y esta carta nos sugiere que este es el momento de tomar un tiempo para descansar y renovarnos. Puede ser beneficioso desconectarnos temporalmente de nuestras responsabilidades laborales para revitalizarnos física y mentalmente.

Planificación estratégica: Esta carta también puede representar la importancia de la planificación estratégica en nuestro trabajo. Puede ser el momento de revisar nuestros objetivos profesionales, establecer metas claras y desarrollar una estrategia para alcanzarlas. El Cuatro de Espadas nos invita a reflexionar sobre nuestra carrera y considerar cuidadosamente nuestros próximos pasos.

Retiro o cambio de entorno: El Cuatro de Espadas puede indicar la necesidad de un cambio de entorno laboral. Puede que sea beneficioso alejarnos temporal o definitivamente de nuestro trabajo actual. Esta carta sugiere que necesitamos espacio y tranquilidad para reflexionar sobre nuestra carrera y encontrar nuevas perspectivas.

Reflexión y auto-evaluación: El Cuatro de Espadas también puede señalar la importancia de la reflexión y la auto-evaluación en nuestro trabajo. Puede que nos encontremos en un punto en el que necesitamos examinar nuestras fortalezas, debilidades y logros profesionales. Esta carta nos anima a tomar un tiempo para evaluar nuestro desempeño y considerar posibles mejoras o cambios que podamos implementar.

En síntesis, el Cuatro de Espadas indica una pausa en nuestra carrera profesional; quizás decidamos tomar un periodo de reposo porque queremos recuperarnos o replantear nuestros objetivos, o también puede

que nos hayan forzado a retirarnos de nuestro puesto de trabajo, todo depende de lo que las cartas contiguas indiquen.

Si está invertida, esta carta indica que volveremos a ocuparnos de nuestras responsabilidades laborales, pero es recomendable que el reinicio de nuestra tarea sea gradual y lo hagamos con moderación.

Cinco de Espadas

Significado adivinatorio
Despojo, derrota, crisis, humillación, deshonor, degradación, democión, pérdida, impotencia, calumnia. Sólo queda aceptar lo inevitable. Alternativamente, renunciar a algo para evitar un conflicto que no puede ganarse.

Invertida
Angustia, futuro incierto, peligro de pérdida o derrota, advertencia contra el orgullo y la traición. Funeral, duelo, desgracia de un amigo. Debilidad, seducción.

El Cinco de Espadas presagia un período de pérdidas y contratiempos. A continuación, presentamos algunos posibles significados de esta carta en el ámbito laboral:

Conflicto y rivalidad: El Cinco de Espadas puede indicar el resultado desfavorable de un conflicto en nuestro entorno laboral. Puede que nos encontremos en una situación de competencia intensa, en la que nuestros adversarios están dispuestos a todo para alcanzar sus propios objetivos. Esta carta nos advierte sobre posibles traiciones o estratagemas, y nos insta a mantener nuestra integridad..

Derrota o pérdida: El Cinco de Espadas también puede indicar una derrota o pérdida en nuestra carrera profesional. Puede que hayamos sufrido un revés o el fracaso de un proyecto importante, o que nos sintamos desanimados y desilusionados. Esta carta nos insta a reflexionar sobre la lección aprendida; aceptemos lo inevitable y encontremos la fuerza para seguir adelante en nuestra carrera profesional.

Cambio de enfoque: Esta carta puede indicar la necesidad de cambiar nuestro enfoque o perspectiva en el trabajo. Puede que estemos involucrados en situaciones conflictivas o que nos encontremos en un entorno laboral tóxico. El Cinco de Espadas nos invita a considerar nuevas estrategias o incluso a explorar otras oportunidades laborales que nos ofrezcan un ambiente más armonioso y positivo.

Desmoronamiento de un negocio: El Cinco de Espadas también puede indicar que nuestro negocio está en declinación. Debemos analizar desapasionadamente nuestra situación y buscar qué medidas tomar para renovar nuestro negocio, y si no es posible, aceptar que debemos abandonarlo y buscar otras opciones.

En síntesis, el Cinco de Espadas indica que nuestra carrera profesional o nuestro negocio está declinando, posiblemente debido a la intromisión de personas mal intencionadas que buscan beneficiarse a nuestra costa. Esta carta nos enseña que debemos aceptar lo inevitable, aunque no nos guste, y enfocarnos en aquello que nos ofrezca una posibilidad de mejorar nuestras expectativas laborales. En una crisis, a veces es mejor dar un paso atrás y salvar lo que pueda salvarse, descartando algunas cosas, a perder todo por empeñarnos en conservarlo todo.

Si se presenta invertido, el Cinco de Espadas sugiere que no nos sentimos seguros, porque nuestro trabajo o nuestro negocio están amenazados, pero en este caso tenemos la posibilidad de prevenir el mal desenlace, por eso esta carta nos previene contra el orgullo y la traición. Mantengamos nuestra voluntad firme y no nos dejemos seducir por falsas promesas.

Seis de Espadas

SIGNIFICADO ADIVINATORIO
Progreso, superación de las dificultades, cambio de escenario. Viaje por agua a un nuevo hogar, y/o viaje en el plano de la conciencia. Esfuerzo inteligente, éxito merecido, inspiración, estudio, ciencia.

INVERTIDA
Estancamiento, impedimento para viajar, las dificultades no pueden superarse, falta de inspiración. Resultado o juicio desfavorable. Confesión, declaración.

El Seis de Espadas indica progreso y aprendizaje. A continuación veremos algunos posibles significados de esta carta en el ámbito laboral:

Transición y cambio: El Seis de Espadas puede indicar un período de transición en nuestro trabajo. Puede que estemos dejando atrás una situación laboral difícil o estancada y nos estemos moviendo hacia algo nuevo y más favorable. Esta carta sugiere que estamos en proceso de superar obstáculos, avanzando hacia una etapa más positiva en nuestra carrera.

Viaje o reubicación: Esta carta también puede representar un cambio físico en nuestro ámbito laboral, como un viaje o una reubicación. Puede que se nos presente una oportunidad de trabajo en otro lugar o que debamos considerar la posibilidad de mudarnos para mejorar nuestra situación profesional. El Seis de Espadas nos insta a considerar los beneficios y las implicaciones de dicha decisión.

Superación de problemas: El Seis de Espadas indica que estamos en camino de dejar atrás las dificultades y encontrar soluciones en nuestro trabajo. Puede que hayamos pasado por una etapa de conflictos o limitaciones, pero ahora estamos superando eso y avanzando hacia una situación más pacífica y estable. Esta carta nos anima a mantener nuestra determinación y abrirnos a lo nuevo.

Búsqueda de nuevas perspectivas: Esta carta sugiere que este es un buen momento para buscar nuevas perspectivas y enfoques en nuestro trabajo. Puede que nos sintamos estancados o limitados en nuestro puesto actual, y el Seis de Espadas nos invita a explorar nuevas ideas, aprender nuevas habilidades o incluso considerar un cambio de carrera. Estamos en una posición favorable para buscar oportunidades que nos brinden un mayor crecimiento y satisfacción profesional.

Aprendizaje o comienzo de una nueva profesión: El Seis de Espadas indica un completo cambio de nuestro panorama laboral, pero para eso también tendremos que cambiar nuestra propia perspectiva, aprender nuevas cosas y capacitarnos para ser capaces de embarcarnos en emprendimientos productivos más provechosos. Por ese motivo se dice que esta carta indica renovación, tanto en el aspecto interno como en el externo.

En síntesis, el Seis de Espadas apunta a un período de renovación y cambio, cuando podemos dejar atrás las limitaciones que nos impedían progresar laboralmente. Para poder aprovechar las nuevas opciones que este tiempo nos ofrece debemos estar dispuestos a cambiar nuestra perspectiva, aprender nuevas cosas e incluso posiblemente cambiar de trabajo o mudarnos a otro lugar.

Si aparece invertido, el Seis de Espadas nos indica que no somos capaces de renovar nuestra vida laboral, porque estamos demasiado atados las formas tradicionales de trabajo, y quizás no nos atrevamos a dejar atrás lo único que conocemos. También puede implicar que algo desfavorable sale a luz y nos perjudica.

Siete de Espadas

Significado adivinatorio
Intento aventurado, quizás de apropiarse de lo ajeno o de espiar, con resultado parcial o impredecible. Esperanza, anhelo, deseo. Mejor maña que fuerza. Viaje, huida. Amorío ilícito.

Invertida
Dificultad para tomar una decisión, indecisión. Buen consejo, advertencia, mejor pensar dos veces antes de actuar. Discusiones, querellas, decepción en la familia o con una amistad.

El Siete de Espadas indica inestabilidad, planes arriesgados e inseguros. A continuación veremos algunos posibles significados de esta carta en el ámbito laboral:

Engaño o manipulación: El Siete de Espadas puede indicar engaño o manipulación en nuestro entorno laboral. Puede que nos encontremos en una situación en la que alguien está actuando de manera deshonesta o traicionera con nosotros, quizás robando nuestras ideas, créditos o aprovechándose de nuestros esfuerzos. Esta carta nos insta a ser cautelosos y a proteger nuestros intereses en el trabajo.

Más vale maña que fuerza: Es posible que nos enfrentemos a un competidor o adversario más poderoso que nosotros y que la única forma en la que podamos llevar adelante nuestros planes y nuestra carrera profesional sea usando subterfugios o ardides que nos permitan sacar ventaja.

Estrategia y planificación: Esta carta también puede representar la importancia de la estrategia y la planificación en nuestro trabajo. Puede que necesitemos desarrollar un enfoque astuto y estratégico para superar los desafíos o alcanzar nuestros objetivos laborales. El Siete de Espadas nos anima a utilizar nuestro ingenio y habilidades para navegar por situaciones complicadas.

Autonomía y toma de decisiones: El Siete de Espadas indica que este es el momento de tomar el control de nuestra carrera y asumir la responsabilidad de nuestras decisiones laborales. Puede que debamos confiar en nuestras propias habilidades y conocimientos para avanzar en nuestro trabajo, en lugar de depender demasiado de los demás.

Conciencia de nuestros propios límites y de los riesgos que afrontamos: Esta carta sugiere que debemos ser conscientes de nuestras propias limitaciones; cuando intentamos progresar esquivando las reglas nos exponemos a recibir sanciones. Está en nosotros decidir cuanto arriesgaremos para poder lograr nuestras ambiciones laborales o de negocios.

En resumen, el Siete de Espadas describe un intento aventurado, un atajo que tomamos para obtener algo que de otra manera no podríamos conseguir. Si triunfamos cosecharemos los méritos de nuestro esfuerzo, si fracasamos quizás suframos pérdidas o perdamos nuestro empleo. Por otro lado, esta carta también indica que puede que seamos nosotros los que estamos siendo engañados por las maquinaciones de otra persona, no bajemos la guardia.

Si está invertida, esta carta indica indecisión, posiblemente dudemos si debemos arriesgarnos en un negocio aventurado. No hagamos oídos sordos a los buenos consejos, y no nos apresuremos a comprometernos en nada. Seamos prudentes y no demos por sentada la lealtad de nadie.

Ocho de Espadas

SIGNIFICADO ADIVINATORIO
Interferencia, cautiverio, restricción, auto-limitación, indecisión paralizante, desequilibrio, confusión. Crisis o enfermedad temporal. Traición, calumnia, censura. Embrujo.

INVERTIDA
Nuevo comienzo, nuevas opciones. Libertad de las ataduras del pasado o de los enemigos. Ver las cosas con una nueva perspectiva.

El Ocho de Espadas describe un período de confusión y limitaciones, ya sean auto-inflingidas o debidas a un tercero. A continuación presentamos algunos posibles significados de esta carta en el ámbito laboral:

Estancamiento: El Ocho de Espadas puede indicar que nos sentimos atrapados o estancados en nuestro trabajo. Puede que nos encontremos en una situación en la que estamos muy limitados y no vemos como progresar en nuestra carrera. Esta carta nos insta a evaluar nuestras oportunidades de progreso o, si es necesario, buscar nuevas perspectivas y enfoques para avanzar.

Auto-limitación: Esta carta también puede representar una tendencia a limitarnos a nosotros mismos en nuestro trabajo. Puede que nos encontremos atrapados en patrones de pensamiento negativos o una perspectiva muy estrecha que nos impiden aprovechar todo nuestro potencial. El Ocho de Espadas nos invita a examinar y desafiar esas limitaciones auto-impuestas para abrir nuevas posibilidades en nuestra carrera.

Dependencia o falta de autonomía: El Ocho de Espadas puede indicar una situación de extrema dependencia y falta de autonomía en nuestro trabajo. Quizás alguien que compite con nosotros en nuestro ámbito laboral nos ha manipulado psicológicamente para tenernos a su merced, pero ya es hora de que abramos nuestros ojos y enfrentemos la realidad. Esta carta sugiere que es importante buscar formas de empoderarnos y buscar mayor independencia en nuestra carrera.

Indecisión: Esta carta también puede representar la necesidad de evaluar cuidadosamente nuestras opciones en el trabajo y tomar una decisión. Puede que nos enfrentemos a decisiones importantes o a una encrucijada en nuestra carrera, y el Ocho de Espadas nos insta a analizar todas las alternativas y consecuencias antes de tomar una decisión.

En síntesis, el Ocho de Espadas describe un período crítico en el que nos encontramos severamente limitados, en parte debido a nuestra dejadez o indecisión, pero quizás también porque nos han manipulado para sacar ventajas a costa nuestra. Lo mejor que podemos hacer para lograr liberarnos de las restricciones que nos evitan progresar en nuestra vida laboral, es ver las cosas con claridad, decidir quienes son nuestros amigos y quienes no lo son y actuar en consecuencia.

Si aparece invertido, el Ocho de Espadas indica que estamos superando las limitaciones y nos animamos a encarar nuevas oportunidades. Puede que podamos mejorar nuestra posición en nuestro trabajo actual, o quizás debamos buscar trabajo en otro lugar, según lo que indiquen las cartas contiguas.

Nueve de Espadas

Significado adivinatorio
Sufrimiento, desesperación, enfermedad, depresión, martirio. Una pesada carga. Enclaustrado, un sacerdote. Preocupación obsesiva. Puede indicar la muerte de un ser amado. Malicia, crueldad, ataque mágico. Aborto (espontáneo).

Invertida
Comienzo de una recuperación. El tiempo lo cura todo. Resignación; aceptar lo inevitable, dejar de preocuparse, no pensar más en ello, dejarse llevar. Esperanza y caridad.

El Nueve de Espadas indica sufrimiento, aislamiento y depresión. A continuación veremos algunos posibles significados en el ámbito laboral:

Preocupación y estrés: El Nueve de Espadas puede indicar que estamos sufriendo preocupación y estrés en nuestro trabajo. Puede que nuestras responsabilidades o la presión que tenemos en el trabajo para lograr resultados nos estén estresando demasiado. Esta carta nos invita a poner límites saludables; no permitamos que nos manipulen y no dejemos que nuestro trabajo arruine nuestra vida personal.

Insomnio y agotamiento: Esta carta puede señalar que el trabajo está afectando negativamente nuestra salud y bienestar. Puede que estemos sufriendo insomnio, fatiga crónica o agotamiento debido a la presión laboral. Quizás necesitemos ajustar nuestra perspectiva, y aprender a hacer lo que podemos en nuestro ámbito laboral, sin esperar de nosotros mismos más que lo que somos capaces de hacer. No siempre es posible dejar satisfechos a todos, pero si cumplimos con nuestro deber a conciencia, aunque no hagamos hecho todo lo que otros nos exigen, eso debería de ser suficiente para que nos quedemos tranquilos. Al fin y al cabo un trabajo es sólo un trabajo, y puede ser reemplazado por otro, pero vida tenemos una sola.

Afrontar y superar los miedos: Esta carta sugiere que es el momento de afrontar y superar nuestros temores relacionados con el trabajo. Puede que nos estemos auto-limitando o ignorando oportunidades por temor al fracaso o a la crítica. El Nueve de Espadas nos anima a confrontar nuestros miedos, hacer lo que más nos convenga y liberarnos de las limitaciones que nos impiden alcanzar nuestro potencial.

En síntesis, el Nueve de Espadas sugiere que estamos muy estresados porque somos obsesivos con nuestro trabajo y nos exigimos demasiado a nosotros mismos. Sería bueno que tomáramos las cosas con más calma, disfrutáramos más de la vida y nos relajáramos un poco.

Si aparece invertido, el Nueve de Espadas indica que hemos aprendido a aceptar nuestras limitaciones y ya no nos preocupamos tanto por lo que no podemos controlar. Una buena forma de ver las cosas en perspectiva, para no estresarnos tanto, es preocuparnos menos por el dinero y el progreso profesional, y más bien, tratar de ayudar al prójimo.

Diez de Espadas

SIGNIFICADO ADIVINATORIO
Gran desgracia, ruina de planes y relaciones, desolación, el final de una ilusión, derrota, pérdida, enfermedad corta. Esta carta representa el nadir, el punto más bajo de este ciclo de la fortuna; a partir de ahora las cosas sólo pueden mejorar. No indica muerte ni violencia.

INVERTIDA
Mejoría, alivio. Algo de ganancia o éxito. Voluntad para superar los problemas.

El Diez de Espadas indica el fracaso de nuestros planes, pérdidas materiales. A continuación veremos algunos posibles significados en el ámbito laboral:

Quiebra o colapso económico: El Diez de Espadas puede indicar la quiebra de un negocio, el fracaso de un proyecto, o simplemente perder el trabajo. Puede que no veamos ninguna perspectiva, pero nuestra situación es transitoria. Llegamos al punto más bajo de un ciclo, ahora está en nosotros buscar un nuevo trabajo o reconstruir nuestro negocio.

Crisis laboral: Esta carta también puede representar una crisis o un desafío significativo en el ámbito laboral. Puede que nos enfrentemos a pérdidas o dificultades en el nuestro trabajo, que parecen insuperables. El Diez de Espadas nos insta a mantenernos firmes, buscar apoyo y tomar medidas para superar la crisis y reconstruir desde los cimientos.

Renacimiento y transformación: Aunque el Diez de Espadas puede parecer una carta completamente negativa, también puede ser un símbolo de transformación y renacimiento en el trabajo. Puede que estemos experimentando un proceso profundo de cambio y crecimiento, que puede ser doloroso en el momento presente. Esta carta nos enseña que este es el momento de dejar ir lo que ya no está funcionando y prepararnos para nuevos comienzos.

Aceptación y liberación: El Diez de Espadas nos anima a aceptar las circunstancias y a liberarnos de cualquier carga emocional o mental relacionada con el trabajo. Si bien podemos haber perdido nuestro puesto o nuestro negocio, también nos liberamos de nuestras preocupaciones, las cosas ya no pueden empeorar más. Posiblemente nuestro fracaso se deba a que intentamos llevar adelante un proyecto imposible, quizás

sea hora de que reconozcamos su inutilidad y pongamos los pies en la tierra.

En resumen, el Diez de Espadas indica el fin de un ciclo, es decir el agotamiento de un proyecto laboral que ya no da para más. No se puede perpetuar lo que ya ha caducado, lo mejor que podemos hacer es darlo por perdido y buscar otra cosa. Aprendamos del pasado, pero vivamos de cara al futuro.

Si está invertido, el Diez de Espadas nos promete que nuestra situación laboral mejorará y que encontraremos el modo de solucionar nuestros problemas. Nos nos exijamos a nosotros mismos más de lo que podemos rendir, tomemos el tiempo que sea necesario para encarrilar nuestro trabajo o nuestros negocios, haciendo todo paso a paso.

Sota de Espadas

SIGNIFICADO ADIVINATORIO
Lógico y penetrante, agresivo, duro, alerta. Ágil de mente y cuerpo. Espionaje, mensajes, diplomacia, prudencia, sabiduría práctica. Supervisor, administrador; vigilante, investigador, guardaespaldas. Planeando para el futuro, buscando la mejor opción.

INVERTIDA
Malicioso, confabulador, traidor, vengativo, entrometido, indiscreto. Merodeador nocturno. Noticias o perturbación inesperada, impotencia. Problema de la salud.

La Sota de Espadas se asocia con la intelectualidad, la lógica y la comunicación clara y concisa. A continuación veremos algunos posibles significados en el ámbito laboral:

Ambición y enfoque: La Sota de Espadas puede representar una actitud ambiciosa y enfocada en nuestro trabajo. Esta carta sugiere que estamos dispuestos a enfrentar desafíos y a luchar por nuestras metas profesionales. También puede referirse a una persona con las características indicadas en el significado adivinatorio, que dependiendo de si la carta está al derecho o invertida, y las cartas contiguas, puede ser amiga o enemiga.

Pensamiento analítico y lógico: Esta carta indica que nuestro enfoque en el trabajo es analítico y lógico. Sabemos como utilizar nuestras habilidades mentales para resolver problemas y tomar decisiones estratégicas en nuestro campo laboral. La Sota de Espadas nos anima a confiar en nuestra capacidad para evaluar situaciones de manera objetiva y encontrar soluciones efectivas.

Comunicación clara y directa: La Sota de Espadas sugiere que tenemos habilidades de comunicación claras y directas en nuestro trabajo. Podemos expresar nuestras ideas y opiniones de manera efectiva, lo que nos ayuda a influir en los demás y a liderar proyectos. Sabemos como aprovechar nuestras habilidades de comunicación para establecer relaciones laborales sólidas y alcanzar nuestros objetivos profesionales.

Capacidad directiva: La Sota de Espadas sugiere que estamos bien capacitados para ejercer roles directivos o de relaciones públicas, porque somos organizados y no descuidamos el menor detalle, a la vez que sabemos como tratar al personal.

Actitud fría o distante: Aunque la Sota de Espadas puede ser una carta positiva en términos de enfoque y ambición, también indica una actitud fría o distante en nuestro trato con otras personas. Es importante equilibrar nuestro enfoque lógico con la empatía y la colaboración con los demás. Seamos conscientes de como interaccionamos con los demás y mantengamos una actitud colaborativa.

En síntesis, la Sota de Espadas indica que estamos preparados para asumir un puesto de supervisión y que somos muy eficaces en nuestro trabajo porque tenemos buena capacidad de planificación y sabemos como comunicarnos claramente.

Si aparece invertida, la Sota de Espadas nos previene contra alguien que intenta perjudicarnos de manera encubierta. También puede que recibamos malas noticias o nos enfrentemos a problemas que somos incapaces de solucionar en nuestro trabajo o negocio.

Caballero de Espadas

SIGNIFICADO ADIVINATORIO
Bravo, activo, inteligente, sutil, versátil, cambiante, muy hábil y preparado, dominante, con buenas intenciones. La imagen del caballero andante, dedicado y perseverante. Energía y medios para avanzar. La llegada o partida de la desgracia. Militar, detective, investigador.

INVERTIDA
Despiadado, fanático, extravagante, tiránico y destructivo. Guerra. Un peligroso necio. Estafa, engaño.

El Caballero de Espadas describe a alguien inteligente y versátil, con buenas intenciones, dotado de un carácter honesto y directo, que está lleno de energía que le permite progresar. A continuación veremos algunas posibles interpretaciones en el ámbito laboral:

Acción decidida y directa: El Caballero de Espadas representa un estilo de acción resuelta y sincera en el trabajo. Esta carta indica que estamos dispuesto a enfrentar nuestros desafíos frontalmente y tomar medidas concretas para lograr nuestros objetivos profesionales. Tenemos un buen grado de independencia y estamos dispuestos a asumir riesgos calculados para avanzar en nuestra carrera profesional.

Habilidades analíticas y estratégicas: Esta carta también señala nuestras habilidades analíticas y estratégicas en el ámbito laboral. Somos capaces de evaluar situaciones de manera objetiva, analizar información, actuar con versatilidad y tomar decisiones inteligentes en nuestro trabajo. Podemos utilizar nuestras habilidades para resolver problemas y superar obstáculos.

Ambición y competencia: Esta carta representa una fuerte ambición y una naturaleza competitiva en el trabajo. Estamos fuertemente motivados para alcanzar el éxito y destacarnos en nuestro campo profesional. Sin embargo, es importante que mantengamos un equilibrio saludable y no dejemos que la competitividad nos consuma.

Advertencia contra la impulsividad: Aunque el Caballero de Espadas es valiente y decidido, también puede ser un poco precipitado. Esta carta nos previene contra las decisiones apresuradas y las reacciones excesivas e impacientes en nuestro trabajo. Tomemos el tiempo necesario para considerar todas las opciones y las consecuencias antes de tomar decisiones importantes.

CAVALLIER·DE·SPEE·

En resumen, el Caballero de Espadas es una carta muy positiva en el campo laboral; nos indica que tenemos la energía, la motivación y la capacidad para avanzar en nuestra carrera profesional. Como todos los caballeros del Tarot esta carta indica llegadas y partidas, por lo que también sugiere la posibilidad de que abandonamos nuestro trabajo actual para iniciar un nuevo trabajo que nos permita progresar más. También puede indicar que una persona, con las características de esta carta, entra en contacto con nosotros.

Si está invertido, el Caballero de Espadas indica gran descontrol y excesiva agresividad. Esto puede referirse tanto a nuestro propio descontrol como a la aparición de un adversario determinado que no retrocederá ante nada para poder perjudicarnos. También puede indicar una estafa o un engaño.

Reina de Espadas

Significado adivinatorio
Elegante pero estricta. Ágil de mente y cuerpo, justa, individualista, dura. Puede ser una danzarina, una viuda o una mujer sin hijos. Esta carta también significa privación, ausencia, separación, duelo. Defensa del territorio. Inteligencia, lucidez.

Invertida
Intrigante paranoica, cruel, maliciosa, falsa, tortuosa, calumniadora, celosa, estrecha de miras. Prejuiciosa, incapaz de adaptarse a lo nuevo. Una mujer maliciosa es nuestra enemiga y puede perjudicarnos.

La Reina de Espadas indica lucidez, astucia y independencia. A continuación veremos algunos posibles significados el ámbito laboral:

Intelecto y discernimiento: La Reina de Espadas representa un alto nivel de inteligencia y discernimiento en el trabajo. Esta carta indica que tenemos la capacidad de analizar situaciones de manera objetiva y tomar decisiones basadas en la lógica y la razón. Podemos utilizar nuestras habilidades intelectuales para resolver problemas complejos y enfrentar desafíos en nuestro campo laboral.

Comunicación asertiva: Esta carta también destaca nuestras habilidades de comunicación asertiva en el trabajo. Sabemos como expresar nuestras ideas y opiniones de manera clara y directa, lo que nos permite influir en los demás y liderar equipos. Utilicemos nuestra capacidad para comunicarnos de manera efectiva y establecer límites adecuados en nuestro entorno laboral.

Franqueza y honestidad: Esta carta sugiere que valoramos la verdad y la honestidad en nuestro trabajo. Somos estrictos, pero también éticos y justos en nuestras interacciones laborales, y esperamos lo mismo de los demás. Mantengamos nuestra integridad y no comprometamos nuestros valores en el entorno laboral.

Independencia y autodisciplina: La Reina de Espadas representa la independencia y la autodisciplina en el trabajo. Confiamos en nuestra propia habilidad y no tememos asumir responsabilidades adicionales. Somos capaces de gestionar nuestro tiempo y nuestras tareas de manera eficiente, lo que nos permite alcanzar nuestras metas profesionales.

En síntesis, la Reina de Espadas indica un estilo claro, exigente y directo en nuestros tratos laborales. Aunque sabemos comunicarnos bien con

·REYNE · DE SPEE·

nuestros subordinados, también sabemos poner límites claros y defender bien nuestra área de trabajo. Sin embargo, aunque nuestra capacidad directiva nos permite progresar en nuestra carrera, también nos aísla de los demás, lo que puede afectar la calidad de nuestra vida.

Si aparece invertida, la Reina de Espadas es una advertencia, caracteriza a una enemiga peligrosa, intolerante y calumniadora que puede perjudicarnos mucho en el campo laboral. También puede indicar que nos enfrentaremos a trabas en nuestra carrera laboral debido a la estrechez de miras y los celos de algunas personas.

Rey de Espadas

SIGNIFICADO ADIVINATORIO
Un hombre con autoridad. Activo, lógico, inteligente, pletórico de ideas, experto. Valeroso, firme en la amistad y la enemistad, inteligente, auto-controlado, moderno, atrevido. Magistrado, hombre de leyes. Cirujano, fiscal, jerarca, militar, viudo, profesional. Poderoso aliado o un buen consejero. Un juicio.

INVERTIDA
Representa la autoridad, el poder puesto al servicio de la malevolencia, un hombre malvado que busca hacer daño. Obstinado, cruel, suspicaz. Enemigo formidable. Conflicto.

El Rey de Espadas generalmente representa a un hombre maduro y experimentado que es muy lógico, analítico y objetivo en sus pensamientos y acciones. A continuación, veremos algunos posibles significados en el ámbito laboral:

Liderazgo y autoridad: El Rey de Espadas representa un liderazgo fuerte y autoritario en el trabajo. Esta carta sugiere que tenemos la capacidad de tomar decisiones claras y eficaces, y de dirigir a otros en nuestro campo laboral. Por supuesto, esta carta también puede referirse a una persona con las características indicadas en el significado adivinatorio, que posiblemente es nuestro jefe o superior jerárquico, y que será amigable u hostil dependiendo de si la carta está al derecho o invertida y de las cartas contiguas.

Racionalidad y objetividad: Esta carta indica un enfoque racional y objetivo en el entorno laboral. Somos capaces de analizar situaciones de manera imparcial y tomar decisiones basadas en la lógica y la razón. Confiamos en nuestro intelecto y sabemos como utilizar nuestra capacidad de discernimiento para resolver problemas y superar obstáculos.

Capacidad de innovación: El Rey de Espadas también nos insta a planificar con vistas al futuro y atrevernos a aplicar métodos y tecnologías innovadoras para hacer progresar nuestro negocio o carrera profesional. No nos estanquemos, busquemos nuevas vías de progreso y desarrollo laboral.

Comunicación clara y directa: Esta carta también enfatiza nuestras habilidades de comunicación clara y directa en el trabajo. Somos capaces de expresar nuestras ideas y opiniones de manera efectiva, lo que nos permite influir en los demás y establecer expectativas claras. Es aconsejable utilizar nuestra capacidad para comunicarnos de manera asertiva y establecer los límites precisos.

Complicaciones legales: Uno de los significados de esta carta es "un juicio". Esto puede indicar dos cosas diferentes: a) estamos dispuestos a usar todos los medios a nuestra disposición para avanzar en nuestra carrera, si alguien nos perjudica o pone trabas en nuestro camino no descartaremos usar los medios legales a nuestra disposición para hacer valer nuestros derechos; b) puede que alguien nos inicie un juicio, lo que puede ser más o menos problemático según indiquen las cartas contiguas.

En síntesis, el Rey de Espadas indica una actitud proactiva, moderna y determinada en el campo laboral, que nos permitirá progresar. También se refiere a un período de innovación cuando es importante que nos mantengamos atentos a las oportunidades y problemas que surjan en nuestro entorno laboral

Si se presenta invertido, el Rey de Espadas indica un período conflictivo cuando no es posible progresar. También puede referirse a alguien de autoridad que es nuestro enemigo y puede perjudicarnos. Otra interpretación posible es complicaciones legales, un juicio adverso.

www.ingramcontent.com/pod-product-compliance
Lightning Source LLC
Chambersburg PA
CBHW051422090426
42737CB00014B/2786